DAUSIEN

MÄRCHEN AUS »TAUSENDUNDEINE NACHT«

# *Märchen aus »Tausendundeine Nacht«*

Erzählt von Vladimír Hulpach
Illustrationen von Mária Želibská

DAUSIEN

# INHALT

Erzählt von Vladimír Hulpach
Ins Deutsche übertragen von Ingrid Kondrková
Grafische Gestaltung von Jiří Schmidt
Illustrationen von Mária Želibská

VERLAG WERNER DAUSIEN · HANAU/M
ISBN: 3 7684 - 32831
11 804 52/01

# EINGANG

*Im Namen Gottes, des Gütigen und Gnädigen, Friede sei mit unserm Herrn Mohammed, dem höchsten Gesandten Gottes, und über seiner Familie und seinen Freunden; Friede sei mit ihnen bis zum Jüngsten Tage! Die Geschicke der Früheren seien eine Lehre den Kommenden, damit sie daraus lernen und in der Vergangenheit fleißig lesen mögen. In diesen Erzählungen, die „Tausendundeinenacht" genannt sind, soll euch Belehrung und Weisung gegeben sein. So nämlich wird von dem berichtet, was sich ehemals bei den Völkern zugetragen hat:*

*Vor langen Zeiten regierte ein König auf den Inseln Indiens und Chinas, der war reich und hatte viele Diener und Truppen. Seine Söhne hießen Scheherban und Schahseman. Scheherban war der ältere; Schahseman herrschte über Samarkand in Persien und regierte zwanzig glückliche Jahre. Einst nun erfaßte den älteren König innige Sehnsucht nach seinem jüngeren Bruder; er rief seinen Wesir und befahl ihm, zu Schahseman zu reisen und ihn mitzubringen. Der jüngere Bruder gehorchte alsbald der Aufforderung, ließ Kamele und Maultiere rüsten und begab sich mit stattlichem Gefolge auf den Weg. Seinem Wesir aber übertrug er die Regierung, solange er abwesend sei. Da geschah es, daß er sich erinnerte, etwas in seinem Schlosse vergessen zu haben; rasch eilte er dorthin zurück und überraschte seine Frau in verbotener Liebe zu einem schwarzen Sklaven. Heiße Wut stieg in ihm empor, er zückte sein Schwert und erstach beide; darauf reiste er weiter bis vor die Hauptstadt seines Bruders. Er ließ durch einen Boten seine Ankunft melden, und Scheherban zog ihm mit Gepränge entgegen, umarmte und begrüßte ihn voller Freude. Aber die Erinnerung an die Untreue seiner Gemahlin nagte an der Seele des Königs Schahseman, so daß die Farbe seines Gesichtes verblich und die Kraft seines Körpers abnahm. Kein Fest vermochte seinen umdüsterten Sinn zu erheitern. Scheherban meinte, daß die Sehnsucht nach der Heimat an ihm zehrte, und fragte ihn eines Tages voll Sorge: „Lieber Bruder, ich sehe, daß deine Wangen blaß werden und daß ein heimlicher Kummer in deiner Seele wohnt." Jener entgegnete: „Mich quält eine innere Krankheit", und verheimlichte, was bei seiner Abreise geschehen war. Er ließ seinen Bruder allein zur Jagd reiten und blieb daheim voll Sorge und Verdruß. Es waren aber in dem Schlosse, das Schahseman bewohnte, einige Fenster, durch die er in den Garten seines Bruders blicken konnte. Da sah er, wie aus der Türe des Palastes zwanzig Sklaven und Sklavinnen heraustraten, und in ihrer Mitte schritt die Frau seines Bruders, die war von wunderbarer Schönheit und herrlichem Wuchs. Sie gingen zu einem Teiche, dort entkleideten sich die Sklavinnen und setzten sich zu den Sklaven. Die Königin rief Masud, einen schwarzen Sklaven, umarmte ihn und koste mit ihm. Und die anderen Sklaven und Sklavinnen taten desgleichen und verbrachten den Tag mit Küssen und in Liebe. Als Schahseman das erblickte, sprach er zu sich: „Wahrlich, meinem Bruder ist Härteres widerfahren als mir." Sorge und Kümmernis wichen von ihm, und er aß und trank wieder.*

*Als der König Scheherban von der Jagd zurückkehrte und sah, daß sein Bruder die frühere Kraft und Farbe wiedererlangt hatte und mit Freuden aß und trank, sprach er zu ihm: „Lieber Bruder, gestern noch warst du schwach und bleich, und heute sehe ich dich in voller Gesundheit; wie ist das zugegangen?" Da entgegnete ihm jener: „Wisse, mein Bruder, als ich mit meinem Gefolge zu dir reisen wollte und schon meine Hauptstadt verlassen hatte, da fiel mir ein, daß ich in meinem Schlosse etwas vergessen hatte; ich fand meine Frau in vertrautem Umgange bei einem Sklaven und erschlug sie beide voll Zorn. Weil ich immer dieses Vorfalles gedenken mußte, wurde ich blaß und schwach; warum ich aber mein früheres Aussehen wiedergewann, das möchte ich dir verschweigen." Als jedoch Scheherban in seinen Bruder drang und mit Bitten nicht abließ, erzählte ihm jener, was er im Garten gewahrt hatte. Der Sultan rief voll Zorn und Ingrimm: „Ich will mit meinen eigenen Augen ihre Sünde sehen!" Schahseman gab ihm folgenden Rat: „Sag ihr, du wolltest zur Jagd reiten, und verbirg dich dann bei mir, damit du sie heimlich beobachten kannst."*

*So ließ Scheherban bekanntmachen, daß er eine große Reise unternehmen wolle, und zog mit seinen Truppen zur Stadt hinaus. Im Lager sprach er zu seinem Pagen: „Laß niemanden zu mir herein"; dann verkleidete er sich und kehrte heimlich zu seinem Bruder zurück. Dort setzte er sich ans Fenster und blickte erwartungsvoll in den blühenden Garten hinaus. Nach einer Weile öffnete sich das Tor, und seine Frau trat mit den Sklavinnen und Sklaven heraus, und sie taten so, wie ihm Schahseman erzählt hatte, bis das Nachmittagsgebet gerufen wurde. Als Scheherban dieses sah, war er fassungslos vor Schmerz und rief: „Mein Bruder, laß uns gehen; ich mag nichts mehr mit der Regierung zu schaffen haben! Wir wollen wandern, bis wir jemanden finden, dem es ebenso wie uns ergeht; wenn wir aber niemanden sehen, so möge uns der Tod von unserer Qual erlösen!"*

*Sie machten sich auf und gingen aus einer versteckten Türe des Palastes hinaus und reisten viele Tage und Nächte. Eines Tages fanden sie eine friedliche Ebene; dort rauschten dichtbelaubte Bäume, und eine süße Quelle rieselte neben dem Meere durchs Gebüsch. Da tranken sie und ruhten. Plötzlich aber erhob sich ein Toben, und das Meer rauschte, und eine schwarze Säule wand sich zum Himmel empor, durchfurchte die Wellen und näherte sich der Ebene. Als die beiden Brüder das sahen, fürchteten sie sich sehr und erstiegen einen hohen Baum.*

*Es kam aber ein Geist unseres Herrn Salomo (Friede sei mit ihm!), der war sehr lang und hatte einen großen Kopf und eine breite Brust. Auf seinem Haupte trug er einen Kasten aus Glas, der war mit vier Schlössern aus Stahl verschlossen. Der Geist setzte sich unter den Baum, auf den die beiden Brüder geklettert waren, nahm den Kasten vom Kopfe und öffnete die Schlösser mit vier Schlüsseln. Er zog aber ein wunderbares Mädchen heraus mit süßem Munde, schönem Busen und einem Gesichte, das dem Vollmond glich. Der Geist betrachtete sie liebevoll und sagte: „O Geliebte meiner Seele. Du schönste und vollkommenste aller Frauen, die ich entführt habe, ehe ein anderer dich kannte! Laß mich in deinem Schoße schlafen." Er legte den Kopf auf ihre Knie, streckte sich aus und schnarchte alsbald, daß es klang wie fernes Donnerrollen. Da hob das Mädchen von ungefähr ihr Haupt empor und erblickte Scheherban mit seinem Bruder auf dem Baume. Langsam legte sie den Kopf des Geistes auf die Erde und gab den beiden durch ein Zeichen zu verstehen, sie möchten doch zu ihr herabsteigen. Jene aber antworteten: „Herrin, entschuldige, wenn wir nicht kommen." Da entgegnete sie: „Wenn ihr nicht herabkommt, so wecke ich den Geist, meinen Gemahl; er soll euch auffressen." Als sie ihnen abermals freundlich winkte, kletterten die Brüder zu ihr herunter. Dann verlangte sie, daß ihr beide zu Willen sein möchten. Die Brüder aber sagten: „Beim Allmächtigen, verlange das nicht von uns, denn wir fürchten uns vor dem Geiste." Sie sprach: „Wenn ihr mir nicht zur Seite liegt, so schwöre ich, daß ich den Geist aufwecke, damit er euch töte!" Da taten die Brüder, was sie von ihnen forderte. Sie aber zog einen Beutel aus ihrem Gewande hervor und entnahm ihm achtundneunzig Silberringe und sagte: „Wißt ihr, was diese Ringe bedeuten? Sie stammen von achtundneunzig Männern, die mir willfährig waren. Nun gebt mir auch eure Ringe, damit ich weiß, daß es hundert Männer waren, mit denen ich diesen schrecklichen, häßlichen Geist hintergangen habe. Denn er hat mich in diesen Kasten gesetzt und läßt mich im tiefen Meere wohnen, damit ich nur ihm gehöre und tugendhaft bleibe. Dieses Scheusal weiß nicht, daß der Wille der Frauen sich von niemandem bestimmen läßt!"*

*Als die beiden Brüder dieses hörten, waren sie sehr verwundert und riefen: „Es gibt keinen Schutz, außer bei dem erhabenen Gotte! Deshalb wollen wir bei ihm gegen die List der Frauen Hilfe suchen, denn wahrlich, nichts kommt ihr gleich!" Das Mädchen aber sprach zu ihnen: „Gehet eures Weges!"*

*Als sie nun weiterschritten, sagte Scheherban: „Sieh, lieber Bruder, dieses Abenteuer ist noch seltsamer als unseres, denn hier ist ein Geist, der ein Mädchen in der Hochzeitsnacht raubte und es in einen gläsernen Kasten eingesperrt hat. Er hat sie mit vier Schlössern eingeschlossen und in das tobende Meer versenkt, damit er sie dem*

*Schicksal entreißen könnte, aber sie hat doch hundertmal Verrat geübt. Wahrhaftig, es gibt keine treuen Frauen! Wir wollen getrost in unser Königreich zurückgehen und den festen Entschluß fassen, nie mehr zu heiraten." Also kehrten sie wieder um und gingen, bis die Nacht hereindämmerte; am dritten Tage aber trafen sie wieder in ihrer Heimat ein, traten unter die Zelte, setzten sich auf den königlichen Thron, und alle Fürsten und Großen des Landes versammelten sich um sie. Der König befahl nun, daß man in die Stadt zurückziehen möge; er aber begab sich in sein Schloß, ließ seinen Wesir kommen und befahl ihm, seine Gemahlin zu töten. Und alsbald brachte der Wesir sie um. Darauf ging der König zu den Sklavinnen und erschlug sie alle mit seinem Schwerte. Dann ließ er sich andere kommen und schwor, daß er sich jede Nacht eine andere erwählen wolle und sie am folgenden Morgen hinrichten lassen würde, denn auf Erden gäbe es kein tugendhaftes Weib mehr. Sein Bruder Schahseman reiste sogleich ab und kehrte in sein Königreich zurück.*

*Sultan Scheherban gebot indessen seinem Wesir, ihm eine Sklavin für die Nacht zuzuführen; dieser brachte ihm eine der Fürstentöchter. Der König tat, wie er verheißen, und befahl dem Wesir, ihr am Morgen den Kopf abzuschlagen. Er gehorchte den Worten seines Herrn und brachte das Mädchen um. Darauf führte er ihm eine andere Tochter der Großen des Landes zu, und auch ihr wurde wieder am Morgen der Kopf vom Rumpfe getrennt. So ging es lange fort, bis es zuletzt keine Mädchen mehr gab; die Mütter und Väter klagten und weinten, verwünschten den König und erflehten vom Himmel Rache und Hilfe. Nun hatte der oberste Wesir, der auf Geheiß des Sultans die Frauen ermorden mußte, zwei Töchter. Die ältere hieß Scheherezade und die jüngere Dinarsad. Scheherezade kannte viele Bücher und besaß ein erstaunliches Gedächtnis; sie hatte Gedichte auswendig gelernt und wußte Geschichten und Reden der Könige und Weisen. Eines Tages sagte sie zu ihrem Vater: „Lieber Vater, ich will dir ein Geheimnis anvertrauen: ich verlange, daß du mich mit dem Sultan Scheherban verheiratest, denn ich möchte die*

*Welt von seinen Greueltaten erlösen oder selber sterben, wie die anderen Mädchen." Als ihr Vater diese Rede hörte, erschrak er sehr und rief: „Weißt du denn nicht, was der König geschworen hat, du Törin? Wenn ich dich zu ihm bringe, so wird er dich töten lassen!" Scheherezade entgegnete: „Führe mich zu ihm; mag er mich auch ermorden lassen." Da wurde der Vater zornig und rief: „Warum willst du dich so trotzig in die Gefahr stürzen? Hast du den Verstand verloren? Wer nicht Klugheit in seinem Handeln walten läßt, der bringt sich ins Unglück, und wer nicht das Ende seiner Taten bedenkt, hat auf Erden keinen Freund. Das Sprichwort sagt: Ich saß im Wohlbehagen, da hat mir der Übermut nicht Ruhe gelassen." Scheherezade aber antwortete: „Ich werde meinen Entschluß nicht ändern. Wenn du mich nicht zum König führst, werde ich allein zu ihm gehen und Klage gegen dich erheben, weil du mich einem so großen Manne verweigerst und ein Mädchen wie mich ihm entziehen willst."*

*Der Erzähler berichtet nun, daß der Wesir, nachdem er vergeblich gedroht und gebeten hatte, sich entschloß und zum Sultan Scheherban ging, die Erde küßte und zu ihm sagte: „Mein Gebieter, ich werde dir in der nächsten Nacht meine Tochter zuführen." Der Sultan erstaunte sehr und fragte: „Was bedeutet dies? Habe ich nicht bei dem geschworen, der den Himmel droben gewölbt hat, daß ich sie morgen umbringen lassen werde? Und wenn du nicht gehorsam bist, so werde ich dich selbst ermorden lassen." Der Wesir antwortete: „O mein König, ich habe ihr dies alles selbst gesagt und sie inständig beschworen, aber sie hat mich nicht hören wollen und wünscht nur, diese Nacht bei dir zu schlafen." Der Sultan sprach: „So gehe denn, bereite ihre Ankunft vor und führe sie in dieser Nacht zu mir." Der Wesir ging in sein Haus zurück, überbrachte seiner Tochter den Befehl des Herrn und sagte: „Gott gebe, daß ich keine Sehnsucht nach dir fühle!" Scheherezade war hocherfreut, machte ihre Sachen zurecht und sprach zu ihrer jüngeren Schwester Dinarsad: „Liebe Schwester, höre meinen Rat. Wenn ich bei dem Sultan weile, werde ich nach dir schicken; wenn du dann kommst und siehst, daß sich der Sultan nicht mehr mit mir abgibt, sage zu mir: Liebe Schwester, wenn du nicht schläfst, so erzähle uns doch einige deiner schönen Geschichten, damit wir dabei die Nacht durchwachen. Das allein kann meine und der Welt Rettung sein, nur so wird der König von seinem unseligen Beginnen lassen." Dinarsad versprach das. — Als die Nacht hereindunkelte, ging Scheherezade zu dem Sultan. Er empfing sie zärtlich und scherzte mit ihr, sie aber begann zu weinen. Scheherban fragte: „Warum weinst du?" Sie antwortete: „O König der Zeit, zu Hause habe ich eine Schwester; laß mich von ihr in dieser Nacht noch Abschied nehmen." Da befahl der Sultan, daß man nach Dinarsad schicke. Sie kam und wartete, bis der Sultan mit ihrer Schwester gekost und ein wenig geruht hatte, dann stieß sie einen Seufzer aus und sprach: „Wenn du nicht schläfst, liebe Schwester, so erzähle uns einige von deinen schönen Geschichten, damit wir dabei die Nacht durchwachen. Wenn der Tag dämmert, will ich dir dann Lebewohl sagen, denn ich weiß ja nicht, ob ich dich morgen wiedersehen werde."*

*Scheherezade erbat nun vom Sultan die Erlaubnis, und als er sie erteilt hatte, freute sie sich gar sehr und begann:*

# *Die Geschichte von Aladin und der Wunderlampe*

Tief im Inneren Afrikas lebte einst ein mächtiger Zauberer, der mit Hilfe der schwarzen Kunst die größten Schätze der Welt zusammenzuscheffeln suchte.

Eines Tages saß er wieder über seinen Zauberformeln, aus denen er die Zukunft las, und erfuhr dabei etwas, was ihm den Atem verschlug: Weit, weit von hier erhebt sich bei einer fernen Stadt ein Berg, und in dem ist ein ungeheurer Schatz verborgen, darunter auch eine Lampe, die ihrem Besitzer jeden Wunsch erfüllt. Doch es gibt nur einen einzigen Menschen auf der Welt, der den Schatz und die Lampe aus ihrem unterirdischen Versteck heraufholen kann: den Knaben Aladin, der in jener fernen Stadt zu Hause ist.

Der Zauberer war sofort auf den Beinen: Nie und nimmer würde er es zulassen, daß irgendein dummer Junge all den Reichtum und die Lampe obendrein bekommen würde! Er verkleidete sich sogleich als frommer Derwisch, drehte den Zauberring, den er am Finger trug, und murmelte dazu: „Trage mich sofort in die Stadt, in der der Knabe Aladin lebt!"

Da trug ihn der Ring im Augenblick weit, weit weg, direkt in jene ferne Stadt und in die Straße, wo Aladin mit anderen Kindern spielte.

Als der Zauberer Aladin erkannt hatte, rief er ihn zu sich heran: „Ach, laß dich umarmen, Aladin, mein teurer Neffe! Ich suche dich ja schon so lange!"

Der Knabe schaute verwundert zu dem fremden Derwisch auf und meinte: „Ich kenne dich nicht, Herr, und meine Mutter hat mir niemals etwas von einem Onkel erzählt. Auch der Vater nicht, solange er noch lebte..."

„Ach, mein armer Bruder!" rief der Zauberer, wie in bitterster Verzweiflung die Hände vors Gesicht schlagend. „So lange haben wir uns nicht gesehen, und nun muß ich erfahren, daß du nicht mehr unter den Lebenden weilst, daß du von uns gegangen bist!"

Dann wandte er sich wieder an Aladin: „Aus Liebe zu dem Verstorbenen will ich mich deiner Ausbildung annehmen und einen Herrn aus dir machen. Deiner Kleidung nach zu schließen, sind deiner Mutter keine großen Mittel geblieben."

„Da hast du recht, Onkel. Mutter ist eine arme Wäscherin", bestätigte Aladin und ließ den Kopf hängen. „Doch laß uns zu ihr gehen, damit auch sie die freudige Nachricht erfährt."

Die Witwe hegte zunächst Argwohn gegen den seltsamen Fremden, doch der wußte ihre Zweifel bald zu zerstreuen, um so mehr, als er ihr zehn Golddinare gab, für die sie Aladin einkleiden sollte.

„Und nimm nur das Beste vom Besten, Schwägerin", ermahnte er sie beim Abschied. „Wenn Aladin unter die Reichen und Mächtigen aufrücken soll, so muß er ihnen auch in der Kleidung gleichen. Übrigens werde ich mich morgen davon überzeugen, denn ich will gleich in der Früh mit seiner Erziehung beginnen."

Die Witwe behielt von den Dinaren keinen einzigen für sich und gab wirklich alle für Aladins Kleider aus, und als der Zauberer am nächsten Morgen wiederkam, da wartete der Knabe bereits auf ihn, angetan wie ein junger Fürst.

„So ist es recht", lobte der Derwisch. „Doch wir dürfen nicht länger verweilen. Je eher wir aufbrechen, um so mehr wirst du erfahren und lernen..."

Und er führte den Knaben in wunderschöne Gärten, wo fremdländische Blumen einen berauschenden Duft ausströmten. Kunstvoll angelegte Seen schimmerten in allen Farben, denn sie waren mit bunten Mosaiksteinen ausgelegt, und aus vielstöckigen Springbrunnen sprudelte das Wasser in die Seen hinab. Sie schritten über samtweichen Rasen und lauschten dem Zwitschern und Singen seltener Vögel. Ach, nicht einmal im Traum hatte Aladin solche Pracht geschaut!

Der Zauberer rieb sich vor Freude die Hände, denn alles ging ganz nach Wunsch.

„Jetzt werde ich dir einen Ort zeigen, der dir die Sinne raubt, denn soviel Kostbarkeiten auf einmal hat noch kein Sterblicher je erblickt", versprach er dem Jungen, als sie auf den Schatzberg kamen. „Du mußt dich nur ein Weilchen gedulden."

Dann schritt er den Berg nach verschiedenen Seiten ab, blieb schließlich an einer Stelle stehen und brannte in einem mitgebrachten Rauchfäßchen ein Zauberkraut an. Aus dem Fäßchen stieg ein betörender Duft auf.

„Sieh nur her!" Der Zauberer zeigte auf die Erde, und Aladin entdeckte einen Stein, in den ein eiserner Ring eingelassen war.

„Hebe den Stein auf und steige ins Innere des Berges hinab", flüsterte der vermeintliche Onkel. „Du wirst durch einen Gang und durch viele Säle kommen, und alles, was du dort siehst und was dir gefällt, ist dein. Mir bringe nur die alte Lampe mit, die dort unten irgendwo brennt."

„Gern, Onkel", versicherte Aladin. „Aber warum kommst du nicht mit mir?"

„Ich warte lieber hier, damit du sicher und gefahrlos wieder herauf gelangst", gab sich der Zauberer besorgt. „Aber halte dich nicht unnötig auf!"

Aladin ergriff den Ring und zog den schweren Stein mit solcher Leichtigkeit weg, daß der Zauberer überrascht aufschrie.

Dann kletterte der Knabe in das Loch unter dem Stein und kam in einen dunklen Gang; doch bald schon hatten sich seine Augen an die Dunkelheit gewöhnt, denn überall funkelten in Nischen ganze Berge von Gold, Silber, Perlen und Edelsteinen. Es war ja auch der größte Schatz der Welt!

Aladin aber eilte weiter, bis der Gang breiter und breiter wurde und er in einen Garten kam, wie man ihn sich nicht erträumen kann: Die Äste der Bäume bogen sich unter der Last von blutroten Rubinen, funkelnden Diamanten und leuchtenden Perlentrauben; die Blumenblätter waren aus reinem Gold, und ein jedes von ihnen hätte einer Prinzessin zum Schmuck gereicht. Nur ein einziger Gegenstand schien so ganz und gar nicht hierher zu passen: eine alte, rußige Lampe, die in einer Mauernische schwach blinkte.

Aladin nahm sie vorsichtig an sich, löschte die Flamme und goß das Öl aus. Erst dann dachte er auch an sich und steckte auf dem Rückweg wenigstens ein bißchen von all den Kostbarkeiten in Garten und Gang in seine Taschen.

Der Zauberer wartete schon ungeduldig auf ihn und rief ihm entgegen: „Höchste

Zeit, daß du kommst. Gib mir die Lampe, und dann ziehe ich dich herauf."

„Ach, Onkel, es geht nicht, die Lampe ist zu schwer, du mußt mir erst die Hand herunterreichen", bat Aladin.

Aber der Zauberer hatte ja ganz anderes im Sinn — er wollte nur die Lampe haben und sich dann des Jungen entledigen. Doch mochte er auch bitten und drängen und schließlich schimpfen und fluchen — Aladin konnte beim besten Willen in dem engen Schacht die schwere Lampe nicht hinaufreichen.

Der Zauberer schäumte vor Wut.

„Warte, du Undankbarer! Das wirst du mir büßen!" schrie er und brannte, geheime Sprüche murmelnd, sein Rauchfäßchen an. Da setzte sich der Stein mit dem eisernen Ring von ganz allein in Bewegung und verschloß wieder die Öffnung, die in den Schatzberg hineinführte.

„Du Dummkopf! Wenn ich die Lampe nicht haben soll, so wirst du da unten elend umkommen!" lachte der Zauberer, drehte den Ring an seinem Finger und war verschwunden.

Aladin aber blieb allein in dem finsteren Berg zuzück. Er begriff, daß der vermeintliche Onkel ein gemeiner Betrüger war und daß er ohne Hilfe nie das Tageslicht wiedersehen würde. Er lief durch den Gang in den Garten, doch als er auch dort keinen Ausgang fand, kehrte er betrübt wieder zurück.

Verzweifelt ließ er sich in eine Nische sinken und weinte bittere Tränen. Er murmelte Gebete, und dabei strich er mit den Fingern unbewußt über die Lampe, die er noch immer in den Händen hielt. Und siehe da, im gleichen Augenblick stand ein mächtiger Geist vor ihm, ein Dschann.

„Du hast mich gerufen, mein Herr und Gebieter, sag, was verlangst du von mir?" sprach der Dschann und verneigte sich dabei vor dem Knaben wie ein Sklave bis zur Erde.

„Bring mich zu meiner Mutter", befahl Aladin, als er sich von seinem Schreck erholt hatte; und er hatte es kaum ausgesprochen, da war er auch schon zu Hause.

Erst als er der Mutter berichtete, was ihm alles widerfahren war, begriffen die beiden, welcher Zauber in der alten Lampe verborgen war und warum der böse Zauberer sie unbedingt in seinen Besitz hatte bringen wollen.

„Jetzt brauchen wir keine Not mehr zu leiden!" jubelte Aladin, und zum Beweis befahl er dem Geist, ihm und der Mutter ein Abendessen aufzutragen. Im nächsten Augenblick schon stand ein silberner Tisch vor ihnen, auf dem prunkten zwölf silberne Schüsseln mit den erlesensten Speisen, Becher mit funkelndem Wein, teures Obst und weißestes Brot.

Die Mutter wurde von Entsetzen geschüttelt.

„Wirf die Lampe weg! Ihre Macht ist unrein, sie wird dir nur Unglück bringen."

„Aber sie hat mich aus der Falle jenes Gottlosen befreit", wandte Aladin ein und langte zu. Die Zweifel der Witwe aber konnte er nicht beschwichtigen.

Und da die Mutter ihn mit ihren Befürchtungen angesteckt hatte, sah er sich gleich am nächsten Tag nach Arbeit um. Zum Lebensunterhalt würde ihnen für die erste Zeit der Erlös aus dem Verkauf der silbernen Schüsseln und des silbernen Tisches langen.

Er schlenderte über den Basar, beobachtete die erfahrenen Goldschmiede, Händler und Handwerker und prägte sich deren Geschäftsgebahren ein. Und eines Tages beschloß er, nun endlich selbst sein Glück als Händler zu versuchen. Er steckte ein paar Edelsteine aus dem Schatzberg ein und machte sich damit auf den Weg. Aber noch hatte er den Standort, den er sich auf dem Basar ausgesucht hatte, nicht erreicht, als ihn Trompetenstöße und die laute Stimme des königlichen Ausrufers den Schritt verhalten ließen: „Aus dem Weg, aus dem Weg! Hört den Befehl unseres Sultans, den uns die höchste Gnade zum Herrscher gegeben: Kehrt sofort in eure Häuser zurück und verschließt alle Fensterläden! Die Prinzessin Badralbudura begibt sich ins Bad, und kein Blick darf sie belästigen. Wer dem allerhöchsten Befehl nicht gehorcht, verliert seinen Kopf!"

Aladin hatte schon viel von der Schönheit der Prinzessin gehört, diesmal aber gebot ihm eine geheimnisvolle innere Stimme, die Prinzessin sehen zu müssen, koste es, was es wolle. Und so versteckte er sich, ungeachtet der Gefahr, die ihm drohte, ausgerechnet hinter der Tür zum Bad.

Und Badralbudura kam. Schon von weitem nahm sich ihre zarte Gestalt unter den Mädchen ihres Gefolges aus wie eine Blume im Gras. Vor dem Eingang ins Bad schlug sie dann den Schleier zurück, der ihr Gesicht verdeckte. Wie eine Sonnenperle strahlte ihr Antlitz, und ihr Anblick traf Aladin so tief ins Herz, daß ihm die Sinne schwanden.

Es war schon Abend, als er wieder zu sich kam und mit seinen Edelsteinen langsam und wie im Traum nach Hause schwankte. Ständig hatte er das Bild der schönen Prinzessin vor Augen, und obwohl sein Verstand ihn warnte, so verzehrte sich doch sein Herz in Sehnsucht nach ihr.

Er konnte weder essen noch schlafen, und als die Witwe sein seltsames Benehmen bemerkte, drang sie solange in ihn, bis er sich ihr anvertraute.

„Das nimmt kein gutes Ende!" jammerte die Mutter. „Wie könnte der Sultan einwilligen, seine Tochter einem armen Schlucker zu geben? Komm zur Besinnung, mein Sohn, und vergiß diesen Unsinn!"

„Mein Reichtum kann sich mit dem des Sultans messen", antwortete Aladin. „Wenn ich auch nur der Sohn eines armen Schneiders bin, so hat unser Herr in seiner Schatzkammer doch keinen einzigen solchen Edelstein aufzuweisen..."

Er holte die Schüssel mit den kostbaren Steinen hervor, die er aus dem Schatzberg mitgebracht hatte, und fuhr fort: „Mutter, geh mit diesem Geschenk zum Sultan und bitte ihn für mich um die Hand der Prinzessin. Wenn nicht, sterbe ich vor Sehnsucht."

Was tut eine Mutter nicht alles für ihren Sohn? Die Witwe nahm also die Schüssel und ging in den Palast. Sie kam auch glücklich durch die Wachen bis in den Audienzsaal des Sultans, aber dort verließ sie der Mut: Lauter Emire, hohe Würdenträger, Fürsten und Wesire waren hier versammelt und nahmen unterwürfig die Befehle entgegen, die der Herrscher von seinem Thron aus gebieterisch erteilte.

Die arme Frau machte sich ganz klein und wollte sich unbemerkt davonschleichen, aber da hatte der Sultan sie bereits entdeckt.

„Führt die Frau zu mir, ich will wissen, was sie hier sucht!"

Da warf sich die Witwe vor dem Sultan auf die Erde und flehte: „Erbarmen, Herr! Verzeih mir die anmaßende Bitte, mit der ich zu dir gekommen bin!"

„Steh auf", sprach der Sultan freundlich. „Du hast mein Wort, daß dir hier kein Haar gekrümmt werden soll. Sage also furchtlos, was dich zu mir führt!"

„Ich habe einen Sohn, Aladin", begann die Witwe und berichtete dann mit zitternder Stimme, wie ihr Sohn dem Befehl des Sultans zuwider die Prinzessin gesehen und sich unsterblich in sie verliebt hatte.

„Und so hat er mich geschickt, dich um die Hand deiner Tochter zu bitten."

„Und was stellt deinen Sohn unserem Stand gleich?" fragte der Herrscher lachend.

„Dieses Geschenk hier", erwiderte die Witwe mutig, hielt dem Sultan die Schüssel mit den Edelsteinen hin und nahm das Tuch ab, das sie bisher verdeckt hatte. Ein Staunen ging durch den Saal, und der Sultan neigte sich zu seinem Wesir und flüsterte diesem zu: „Jedes dieser Kleinode wiegt meine ganze Schatzkammer auf. Was soll ich antworten?"

„Bestimme eine Frist von drei Monaten", gab der verschlagene Wesir ebenso leise zurück. „Das geht doch nicht mit rechten Dingen zu, daß ihr Sohn solche Reichtümer besitzt. Wir müssen das erst genauestens nachprüfen."

„Richte deinem Sohn Aladin aus, daß seine Bitte mein Gehör gefunden hat. Aber er soll sich ein Vierteljahr gedulden, damit wir die Hochzeitszeremonie gebührend vorbereiten können!"

Die Mutter lief außer sich vor Freude wieder nach Hause, ihrem Sohn die Freudenbotschaft zu überbringen. Und an diesem Abend schlief Aladin zum ersten Mal nach langer Zeit wieder glücklich ein, erfüllt von Dank an den Allmächtigen.

Er ahnte ja nicht, daß der Wesir mit allen Kräften seine Heirat mit der Prinzessin Badralbudura zu hintertreiben suchte. Der ehrgeizige Würdenträger hatte nämlich auch einen Sohn und trug sich schon lange mit dem Gedanken, diesen mit der

Sultanstochter zu verheiraten und selbst den Thron zu besteigen. Und nun sollte ihm dieser Nichtsnutz einen Strich durch die Rechnung machen?

Der Wesir brauchte auch nicht lange zu überlegen, wie er seine Pläne doch noch in die Tat umsetzen könne. Der Sultan war schon alt und vor allem schrecklich vergeßlich. Also mußte man nur dafür sorgen, daß vor ihm der Name Aladin nicht mehr fiel, und ihn dann in einem günstigen Augenblick überreden, seine Tochter mit dem Sohn des Wesirs zu vermählen, wie es ja übrigens schon lange abgesprochen sei.

Und das gelang dem Wesir auch. Sogleich wurde alles zu dem großen Fest gerüstet, dessen Höhepunkt der Hochzeitszug zum Palast des Sultans sein sollte.

Soldaten und Wachen ritten auf herausgeputzten Pferden durch die Straßen, in allen Fenstern brannten Lichter, und die Straßen waren mit Blumen geschmückt.

Nur Aladin wußte von alldem nichts. Er hatte die ganze Zeit seine Kammer nicht

verlassen und nichts anderes getan, als die Tage zu zählen, die ihn noch von seiner Geliebten trennten.

An diesem Abend aber zog ihn irgend etwas auf die Straße, und was er dort sah, verwunderte ihn über die Maßen.

„Du bist sicher nicht von hier", antwortete ihm ein Mann, als er sich nach der Ursache des festlichen Treibens erkundigte. „Wir feiern doch heute die Hochzeit des

Sohnes unseres allerhöchsten Wesirs mit der Prinzessin Badralbudura! Sobald der Prinz aus dem Bad kommt, wird ihn der Hochzeitszug in den Palast zur Prinzessin geleiten. Alle aus unserer Straße gehen mit…"

Aladin hörte dem Mann nicht länger zu. Wie von der Tarantel gestochen rannte er ins Haus zurück. Er stürmte in die Kammer, nahm die Lampe vom Haken und rieb mit der Hand über das rußige Glas.

Da stand auch schon der Dschann vor ihm, verneigte sich tief und fragte unterwürfig: „Was befiehlst du, mein Herr und Gebieter?"

„In diesem Augenblick ist der Hochzeitszug auf dem Weg zur Prinzessin Badralbudura. Es ist mein Wunsch, daß du mich augenblicklich an die Stelle des Bräutigams trägst und ihn im Hause des Wesirs einschlafen läßt. Aber ich muß die gleichen Kleider tragen wie er."

„Dein Wunsch ist mir Befehl", erwiderte der Sklave der Lampe, kleidete Aladin im Handumdrehen in fürstliche Gewänder, rieb ihn mit duftenden Salben ein und trug ihn zum Palast.

Der Festzug zog bereits durchs Tor, und der Dschann führte Aladins Befehl so geschickt aus, daß niemand die Verwechslung bemerkte.

Erst der Sultan und der Wesir starrten verwundert den unbekannten Jüngling an, doch da küßte Aladin bereits die Erde zu Füßen des Sultans.

„Ich komme gemäß dem Versprechen, das du meiner Mutter gegeben hast, o ehrwürdiger Herrscher", erklärte er würdevoll, und der Sultan herrschte den Wesir erzürnt an: „Jetzt erinnere ich mich… das ist jener Aladin, dem ich meine Tochter versprochen habe, und du Nichtswürdiger wolltest mir deinen Sohn als Bräutigam unterschieben!"

„Ich hatte nur dein Wohl im Sinn, Herr", antwortete der Wesir kriecherisch. „Und wenn du meinen Rat hören willst, so verlange von diesem Mann erst eine würdige Brautgabe für die Prinzessin, denn du weißt ja nicht, welch Standes er ist."

Der Sultan hielt das für keinen schlechten Einfall und sagte deshalb zu Aladin: „Höre, es ist seit altersher Brauch, der Braut ein Hochzeitsgeschenk zu machen. Ich verlange für Badralbudura vierzig goldene Schüsseln voll Edelsteinen. Wenn du sie nicht bringst, kann die Prinzessin nicht die deine werden."

„Gedulde dich einen Augenblick, o Herrscher, ich werde dir das Gewünschte sogleich bringen", versprach Aladin und eilte nach Hause, um in Kürze wieder im Palast zu erscheinen, gefolgt von vierzig Jungfrauen, schön wie der Vollmond, und jede trug auf dem Kopf eine goldene Schüssel voll der herrlichsten Edelsteine, die die Welt je gesehen. Das alles hatte sich Aladin von dem Dschann erbeten.

Noch nie hatte die Stadt eine solche Pracht gesehen! Aladin ritt auf einem Araberhengst an der Spitze eines ganzen Gefolges von Mamelucken; seiner Mutter, die wie eine Königin gekleidet war, gaben zwölf Sklavinnen das Geleit, und die Reiter warfen auf ihrem Weg durch die Straßen aus vollen Händen Goldstücke unter das Volk.

Der alte Sultan wollte zunächst seinen Augen nicht trauen, aber dann schritt er Aladin selbst entgegen und drückte ihn als seinen Sohn an die Brust, nicht achtend der giftigen Worte seines Wesirs.

Musik spielte auf, und durch die Säle tanzten anmutige Tänzerinnen. Wieder und wieder wurden die Becher gefüllt und immer neue Speisen hereingetragen. Und der Sultan, der Aladin längst in sein Herz geschlossen hatte, ließ den Richter kommen und den Hochzeitsvertrag aufsetzen. Und als das geschehen war, erhob sich Aladin zum Aufbruch.

„Wohin willst du, mein Sohn? Die Stunde deiner Hochzeit hat doch eben erst geschlagen. Die Braut erwartet dich", meinte der Sultan verwundert.

„Ich will mehr für sie tun, als es bisher Brauch war, denn ihre Schönheit verdient es. Ich will bis Sonnenaufgang einen Palast für sie erbauen, und ich bitte dich, selbst den Ort zu bestimmen, wo er stehen soll."

„Die Wahl sei dir anheimgestellt, wenn du unbedingt darauf bestehst. Aber wisse, daß dies alles unnötig ist, denn mein Palast ist von heute an der deine..."

Die ganze Nacht arbeitete eine unsichtbare Geisterarmee an dem Bau. Sie trugen riesige Marmorsteine herbei, legten wunderschöne Mosaike zusammen, schmückten Zimmer und Nischen mit Silber, Gold und kostbaren Stoffen, und noch ehe die Morgenröte aus der Nacht tauchte, waren die Zimmer erfüllt von dem Geschwätz der Kammerzofen, die Küche von dem Geklirr des Geschirrs, die Ställe von dem Schnauben der edlen Pferde, und von der Freitreppe rollte sich gerade ein Teppich bis zum Sultanspalast, denn das war der letzte Befehl, den Aladin dem Sklaven der Wunderlampe erteilt hatte.

Worte sind außerstande, die Hochzeit Aladins in ihrer ganzen Pracht und ihrem unbeschreibbaren Jubel zu schildern. Eines aber sei festgehalten: nämlich, daß Prinzessin Badralbudura sich ebenso unsterblich in ihren Gemahl verliebte wie er in sie und daß selbst der listige Wesir angesichts ihrer Liebe seine Pläne aufgeben mußte und nicht einmal mehr den Versuch wagte, ihnen Steine in den Weg zu legen.

Und so wäre ihr Glück bis zum Ende unseres Märchens ungetrübt gewesen, hätte sich jener böse Zauberer im tiefen Afrika nicht eines Tages Aladins erinnert. Es kam ihm nämlich in den Sinn, ob er sich nicht doch noch der Lampe bemächtigen könne, und er hätte gern erfahren, ob jener Knabe, den er damals seinem Schicksal überlassen hatte, wirklich umgekommen war.

So zog er sich in die Abgeschiedenheit zurück und versenkte sich in seine magischen Zeichen. Und was er aus diesen las, ließ ihn erstarren: Aladin lebte wie ein König und hatte die wunderschöne Badralbudura, die Tochter des Sultans, zur Frau.

Der Zauberer tobte wie von tausend Teufeln besessen. Doch bei aller Wut blieb sein Verstand doch kalt genug, alle weiteren Schritte zu erwägen. Sofort war ihm klar: Es konnte nur die Lampe gewesen sein, die den armen Schlucker zum Schwiegersohn des Sultans gemacht hatte.

Und als der Zauberer dies erkannt hatte, zögerte er nicht länger. Er drehte den Ring an seinem Finger und wünschte sich in die Hauptstadt des fernöstlichen Reiches.

Im nächsten Augenblick schon streifte er durch deren Straßen, und es bedurfte keiner Mühe, in Erfahrung zu bringen, wo Aladins Palast stand. Zunächst aber kaufte er alte Lampen und rief auf dem Weg zum Palast überall aus: ,,Neue Lampen für alte!

Wer eine neue Lampe braucht, der gebe mir nur seine alte dafür. Neu für alt!"

Die Leute hielten ihn für verrückt und eilten herbei, den Dummkopf tüchtig auszunehmen. Und der Zauberer gab ihnen wirklich neue Lampen für ihre alten. So zog er unter dem Gespött der Menschen durch die Straßen, bis er zu Aladins Palast kam. Nur eine einzige Lampe war ihm noch geblieben, als er vor dem Tor stand.

Und da er wußte, daß Aladin und die Prinzessin zu dieser Stunde nicht zu Hause zu sein pflegten und er also nicht zu befürchten brauchte, erkannt zu werden, rief er auch hier zu den Fenstern hinauf: „Neu für alt! Ich gebe meine letzte neue Lampe für eure alte!"

Gleich darauf schaute eine Sklavin aus dem Fenster und rief hinab: „Warte einen Augenblick! Unser Herr hat in seinem Zimmer so ein altes, häßliches Ding stehen und wird gewiß froh sein, es loszuwerden."

Wirklich, es war die Lampe, auf die es der Zauberer schon so lange abgesehen hatte. Schnell gab er der Sklavin die neue und machte sich aus dem Staub, um in einem Versteck vor der Stadt die schwarze Nacht abzuwarten, da alles in tiefem Schlaf lag. Dann nahm er die Lampe in die eine Hand und rieb sie mit der anderen.

„Was befiehlst du, Herr und Gebieter?" fragte der Dschann, der augenblicklich erschienen war.

„Ich will, daß du Aladins Palast mitsamt der Prinzessin aufhebst und in meiner Heimat in Afrika niedersetzt. Aladin aber laß hier zurück, der Sultan wird schon selbst mit ihm abrechnen!" Und der böse Zauberer grinste hämisch...

Es war eine mond- und sternenlose Nacht. Nur der Sturmwind heulte über der Stadt und war Zeuge, wie sich der Palast mit all seinen Türmen und Kuppeln in die Luft erhob.

Der Sultan pflegte jeden Morgen gleich nach dem Erwachen das Fenster zu öffnen und zu dem Palast seiner geliebten Tochter hinüberzuschauen. So tat er auch an jenem Morgen. Doch was war das? Hatte eine Horde wilder Eber dort gewühlt oder ein fremdes Heer alles niedergestampft? Kahl war der Platz, wo der Palast gestanden hatte, kein einziger Stein war mehr da. Der Sultan glaubte, schlecht zu sehen, und rief schnell seinen Wesir.

„Sage mir sofort, was du dort siehst!" befahl er und zog ihn zum Fenster. „Sag mir, daß mich mein Auge trügt!"

„Der Palast ist verschwunden, Herr!" stotterte der Wesir überrascht, fuhr dann aber sogleich gefaßt und gesetzt fort: „Ach, wären meine Worte doch damals nicht auf tauben Boden gefallen! Ich wußte ja gleich, daß dieser verfluchte Aladin deine edle Tochter nur durch Lug und Trug und unreinen Zauber gewonnen hat! Wir müssen ihn fangen und ihn zwingen, alles wieder in Ordnung zu bringen."

So sehr der Sultan Aladin am Abend zuvor noch gelobt und gepriesen hatte, so sehr verfluchte er ihn nun.

„Er soll die schrecklichsten Qualen erdulden, dieser Betrüger! Die Wachen müssen sofort den Garten und die ganze Stadt durchsuchen..."

Nun, die mußten fürwahr nicht lange suchen. Aladin schlief unter dem nächsten Strauch und wußte gar nicht, wie ihm geschah. Erst hinter den dicken Kerkermauern begriff er alles, aber da war es zu spät für jegliche Erklärung. Er hörte nur noch von draußen des Herrschers Stimme: „Vierzig Tage und vierzig Nächte laß ich dich noch leben, und wenn Badralbudura bis dahin nicht zurück ist, übergebe ich dich dem Henker..."

Doch sein eigenes Schicksal kümmerte ihn kaum. Viel größer war sein Schmerz um die Prinzessin. Bald aber siegte doch der Verstand über die Verzweiflung, und wie er so hin und her grübelte über das geheimnisvolle Verschwinden seiner geliebten Badralbudura und wie es hatte geschehen können, daß sich auch der Palast in Wohlgefallen aufgelöst hatte, da kam ihm in den Sinn, daß nur der böse Zauberer seine Hände im Spiel haben konnte. Irgendwie mußte er sich der Lampe bemächtigt haben.

Während Aladin im Kerker schmachtete und vergebens mit den Fäusten gegen die schwere Tür donnerte, spielte sich der Zauberer vor der armen Badralbudura auf: „Deine Tränen nützen dir nichts, schönste aller Prinzessinnen; nie und nimmer wirst du Aladin wiedersehen! Ich habe dich mitsamt dem Palast hierher nach Afrika entführt, und ich bin so mächtig, daß kein Sterblicher sich mir widersetzen kann. Heute abend komme ich dich fragen, ob du meine Frau werden willst. Wenn nicht, wird es dir schlimm ergehen!"

Dann ließ er sie allein.

Die Prinzessin legte den Kopf in die Hände. Aber zum Unterschied von Aladin,

der in diesem Augenblick im Kerker saß und machtlos war gegen den Zauber der Lampe, ersann sie einen Plan, wie sie den Zauberer überlisten könne.

Am Abend legte sie ihr schönstes Kleid an, schmückte und schminkte sich sorgfältig und ließ schwere Weine, Speisen und Obst auftragen. Und als der Zauberer schließlich bei ihr eintrat, empfing sie ihn mit einem betörenden Lächeln.

„Endlich geruhst du zu kommen, mein Herr", sagte sie und kniete vor ihm nieder.

„Ich sehe, daß du Vernunft angenommen hast..." begann der böse Hexenkünstler, die liebliche Gestalt mit den Augen verschlingend, aber Badralbudura bat ihn sogleich mit einer einladenden Geste zu Tisch und schenkte ihm ein.

Sie lachte, plauderte und schwatzte, und der Zauberer merkte in seiner Verliebtheit gar nicht, wie er Becher um Becher leerte, die Prinzessin aber immer nur einen winzigen Schluck nahm.

„Ich weiß, mein Herr, daß du mächtiger bist als alle Könige der Welt zusammen. Sage mir, woher kommt deine Macht?" fragte sie schließlich, als er schon gehörig berauscht war.

„Von der Lampe hier", lallte der Zauberer und holte mit unsicherer Hand die Lampe unter seinem Mantel hervor. „Man braucht sie nur zu reiben, und..."

Weiter kam er nicht. Er fiel — vom Wein übermannt — in die Kissen zurück und schnarchte laut.

Darauf hatte die Prinzessin nur gewartet.

Sie nahm die Lampe und rieb sie. Im gleichen Augenblick erschien der Sklave der Lampe, verneigte sich tief und fragte: „Was geruhst du zu befehlen, Herrin?"

Natürlich war Badralbudura bei seinem plötzlichen Erscheinen erschrocken, aber sie nahm allen Mut zusammen und gebot:

„Trage augenblicklich diesen Elenden hier in die Hölle, wohin er gehört, und komme dann zurück!"

Der Dschann lachte nur, hob den Zauberer auf wie ein Staubkorn und war verschwunden.

Im Handumdrehen war er wieder zurück.

„Den Zauberer sieht die Welt nicht wieder", erklärte er. „Was befiehlst du nun, Herrin?"

„Dieser Palast soll wieder an seiner alten Stelle stehen!"

Und wie die Lampe bisher jeden Wunsch erfüllt hatte, so versagte ihr Zauber auch diesmal nicht. Noch ehe der Hahn krähte, ließ der Sultan Aladin wieder auf freien Fuß setzen, und dann feierten sie alle gemeinsam und vergaßen für immer das Böse, das gewesen.

Von diesem Tag an aber war auch die Lampe verschwunden, und niemand sah sie je wieder. Die kluge Prinzessin hatte sie nämlich heimlich in lauter kleine Stücke zerschlagen, die sie teils dem Feuer, teils dem Wasser und der Erde übergab.

Und das deshalb, weil sie Neid, Haß und Herrschsucht fürchtete, die manchmal stärker sind als das Gute.

# Die Geschichte von dem gestohlenen Geldbeutel

Auf einer Karawanenstraße in der Wüste trafen sich einmal vier Kaufleute, und da sie den gleichen Weg hatten, beschlossen sie, gemeinsam weiterzuziehen. Sie wußten einer nichts vom anderen und konnten einander also auch nicht vertrauen. Und doch taten sie für die Zeit, die sie beisammen waren, all ihr Geld in einen Beutel, den sie dann wie ihren Augapfel hüteten, denn es waren tausend Dinare darinnen.

Als die zur nächsten Stadt kamen, entdeckten sie gleich am Rand einen wunderschönen Garten, der zum Ausruhen einlud.

Sie stiegen ab, ließen ihre Tiere am Tor in der Obhut der Hüterin des Gartens zurück und übergaben dieser auch den Geldbeutel mit den Worten: „Du darfst ihn uns erst dann zurückgeben, wenn wir alle vier ihn von dir verlangen..."

Dann streckten sie sich im Schatten der Mandelbäumchen aus, doch schon bald verlockte der nahe See sie, ein Bad zu nehmen. Sie tummelten sich vergnügt im Wasser wie Kinder, so daß sie bald Kopf- und Barthaare naß und zerzaust hatten.

„Ich werde die Hüterin des Gartens um einen Kamm bitten", erbot sich der jüngste der Kaufleute und zog sich schnell an, damit ihm die anderen seine Pläne nicht durchkreuzten...

„Gib mir den Beutel heraus, meine Gefährten schicken mich, ihn zu holen", verlangte er von der Frau und gebärdete sich äußerst wichtig.

„Ach wo, erst muß ich die anderen fragen", antwortete die Hüterin des Gartens, und da der See nicht weit war und sie also die Kaufleute sehen und auch hören

konnte, legte sie die Hände an den Mund und rief: „Soll ich ihn ihm geben?"

Die drei Männer im Wasser meinten, es handle sich um den Kamm, und riefen zurück: „Natürlich, wir haben ihn ja deshalb zu dir geschickt!"

Und während sie weiter im kühlen Naß planschten, machte sich der Dieb mit dem Geld davon.

Erst nach einer Weile machte sie sein langes Ausbleiben stutzig, und sie eilten, Böses ahnend, zum Tor.

Zu spät erkannten sie ihren Irrtum; der Dieb war längst über alle Berge. Sie aber wollten ihr Geld zurückhaben und brachten die Hüterin des Gartens vor den Richter.

„Diese Frau ist unsere Schuldnerin", erklärte der älteste der Kaufleute und brachte seine Klage vor: „Wir haben ihr einen Geldbeutel mit tausend Golddinaren zur Aufbewahrung anvertraut mit der Bedingung, daß sie ihn nur zurückgibt, wenn wir

alle vier zugegen wären. Sie aber hat ihn dem jüngsten von uns ausgehändigt, und der ist mit dem Geld geflohen, ehe wir ihn zurückhalten konnten."

„Ist es so?" fragte der Richter die Frau.

„Es ist so", gab die Frau mit hängendem Kopf zu.

„Also mußt du den Beutel zurückgeben, oder ich muß dich streng bestrafen."

„Gern tue ich das", antwortete die Hüterin des Gartens und sah den Kaufleuten ins Gesicht. „Aber nur, wenn alle vier zugegen sind, wie es abgesprochen war."

„So lautet auch mein Urteil", erklärte der Richter. „Schafft euren Gefährten herbei und empfangt dann euren Beutel. Bis zu der Zeit aber ist diese Frau ohne Schuld!"

Und so mußten die Kaufleute einsehen, daß es zwar leicht scheint, die Schuld auf einen Unschuldigen zu schieben, aber doch sicherer ist, den wahren Schuldigen zu finden.

# *Die Geschichte von der schönen Marjam*

Der Kaufmann Masrur war nicht nur ein reicher, sondern auch — wie man es selten findet — ein schöner Mann. Und da er mit den Gaben des Schicksals auch umzugehen wußte, war er in seinem Beruf erfolgreich und hatte nicht geringere Erfolge bei den Mädchen und Frauen der Stadt. Nur eines erregte Mißfallen bei seinen Mitbürgern, und das war sein Glaube, denn er war zum Christentum übergetreten.

Eines Tages ging er spazieren, sich am Duft der Blumen zu laben, und da geschah es, daß er in einem Garten ein Mädchen erblickte von solcher Schönheit, wie sein Auge sie noch nie geschaut hatte — nicht einmal im Traum. Die edle Anmut der Fremden raubte ihm den Verstand und verzauberte sein Herz.

So blieb Masrur, nachdem er die Schöne gegrüßt hatte, bei ihr im Garten und konnte sich nicht trennen, obwohl sie ihm wohl zu verstehen gab, daß sein Sehnen unerfüllbar sei.

Nachdem sie gegessen und getrunken hatten, forderte ihn Marjam, denn so hieß die wunderschöne Jungfrau, auf, mit ihr Schach zu spielen. Masrur war nicht recht bei der Sache und spielte schlecht, denn sein sonst so klarer Verstand war verwirrt von einem unbekannten Gefühl. Schließlich schlug sie vor, um Geld zu spielen; vielleicht wollte sie so seine Sinne mehr auf die Figuren lenken.

Masrur war einverstanden, und sie spielten weiter; aber er verlor an diesem Tag alles Geld, das er bei sich hatte.

„Erlaube mir, morgen das Spiel fortzusetzen", bat er Marjam, als diese das Schachbrett zusammenlegte. Sie nickte, gab ihm aber zum Abschied einen Rat: „Laß nicht unnütz dein Gut unter den Fingern zerrinnen, denn mich kannst du nie gewinnen!"

Masrur wollte die Warnung nicht wahrhaben, die sich aber schon bald erfüllen sollte: Am zweiten Tag verspielte er all sein Geld, am dritten seinen Laden mit allen Waren und am vierten Haus und Feld. Doch statt endlich Vernunft anzunehmen, sprach er zu der Schönen: „Den vierten Tag schon erlaubst du meinen Augen, sich an deiner Schönheit zu weiden, und läßt mein Herz immer heißer brennen. In diesen vier Tagen bin ich durch schlechtes Spiel an den Bettelstab gekommen; doch das schmerzt mich lange nicht so, wie daß ich dich morgen nicht wiedersehen soll. Sag, womit kann ich mir den morgigen Tag erkaufen, auf daß ich ihn in deiner Gesellschaft verbringen kann?"

„So bringe mir Moschus, Ambra und vierhundert Kleider aus königlichem Brokat", antwortete Marjam, wohl wissend, daß er keinen einzigen Dinar mehr besaß. Wie sollte er ihr also so teure Geschenke machen können?

Der Kaufmann aber ging in die Stadt und suchte all seine Bekannten auf, und jeder von ihnen lieh ihm gern, soviel er haben wollte. So also konnte Masrur auch am fünften Tag seine Auserwählte besuchen. Diesmal aber spielten sie nicht Schach, diesmal schenkte Marjam seinen Versen Gehör, die von seiner Liebe zu ihr sangen und aus übervollem Herzen quollen. Und da Marjam alles zuvor nur getan hatte, um ihn zu prüfen und sich von der Aufrichtigkeit seiner Liebe zu überzeugen, gab auch sie sich nun ganz ihrem Gefühl hin, das sie bisher vor ihm verborgen hatte.

Sie wurden ein Liebespaar. Marjam gab ihm alles zurück, was sie ihm im Spiel abgenommen hatte, und für beide begann die schönste Zeit ihres Lebens. Sie verbrachten sie in duftenden Gärten von Abend bis Morgen und von Morgen bis Abend, und jeder Augenblick, den sie sich trennen mußten, kam ihnen unendlich und unerträglich vor.

Doch das sollte nicht ewig so währen. Eines Tages kam Marjams treue Sklavin Hubub atemlos mit schlechter Nachricht zu Masrur gelaufen: „Es steht schlimm, Herr! Marjams Gatte, der alte Jude, kehrt zurück!"

Masrur wich alles Blut aus dem Gesicht. Er eilte stehenden Fußes zu der Geliebten, und die riet ihm: „Wenn mein Gatte wieder auf dem Basar Handel treibt, so setze dich zu ihm und schleiche dich in seine Gunst ein. Dann wird alles wieder wie früher sein, denn er selbst wird dich in sein Haus einladen..."

Und es geschah wirklich so. Der Jude kehrte heim, und gleich am ersten Tag, als er auf dem Basar seine Waren auslegte, machte er Masrurs Bekanntschaft. Es dauerte nicht lange, da schlug er dem jungen Kaufmann vor, sein Geschäftsteilhaber zu werden, und führte den neuen Freund in sein Haus ein, obwohl sich Marjam dem Gast gegenüber zunächst abweisend stellte.

So sah es denn aus, daß alles beim alten bleiben konnte, und der Gatte hätte gewiß auch nie Verdacht geschöpft, wäre nicht seine zahme Nachtigall gewesen. Die hatte sich nämlich während seiner Abwesenheit an Masrur gewöhnt, setzte sich ihm auf den Kopf und ließ sich von ihm fangen, während sie vor ihrem alten Herrn scheu davonflog. Und da der Jude wie alle alten Ehemänner blutjunger Frauen sehr mißtrauisch war, brauchte er nicht lange, um alles zu durchschauen.

Er begriff aber auch, daß es ihm nie gelingen würde, das Band ihrer Liebe zu zerreißen, und deshalb beschloß er, mit Marjam in weite Fernen zu reisen, wohin Masrur ihnen nie würde folgen können.

Heimlich verkaufte er all seine Waren, heimlich stellte er eine Karawane zusammen, und eines Tages setzte er noch vor Morgengrauen Marjam und ihre treue Sklavin Hubub in Kamelsänften und verließ die Stadt.

Sie reisten einen Tag, reisten eine Woche, einen Monat, ein ganzes Jahr, und noch immer führte der Jude sie von Ort zu Ort, denn er mußte erfahren, daß selbst die größte Entfernung nicht groß genug war, die Liebenden zu trennen. Wann immer sich eine Gelegenheit ergab, schickte Marjam mit anderen Karawanen, auf die sie trafen, Briefe an Masrur, und auf gleichem Wege erhielt auch sie Nachrichten von ihm.

Schließlich beschloß er, seiner Gattin und Hubub schwere Fesseln anzulegen. Er zog ihnen ihre seidenen Gewänder aus, gab ihnen schlechte Kleider und durchräucherte sie mit Schwefel, damit sie wie niedrigste Sklavinnen aussahen. Dann ging er mit den beiden zu einem Schmied und trug diesem auf, Fesseln an ihre Füße zu schmieden, unter dem Vorwand, nur so sei sein Geld vor ihnen sicher.

Den Schmied aber beeindruckte Marjams liebliches Antlitz viel mehr als die Rede des Juden, und als er mit ihr allein war, fragte er sie: „Sag, was hat dich in diese schlimme Lage gebracht, daß du solche Erniedrigung von dem alten, häßlichen Greis erdulden mußt?"

„Du bist der erste, der Mitleid mit mir Erbarmungswürdigen zeigt", erwiderte Marjam. „Aber du bist nicht mächtig genug, mein Los zu erleichtern..."

„Vertraue dich mir ruhig an, edle Frau", drang der Schmied, von ihrer Schönheit bezaubert, in sie. „Auch ein einfacher Schmied kann einflußreiche Bekannte haben, die dir gewiß gern helfen werden."

„So wisse denn, daß mein Vater einst diesem Juden viel Geld anvertraute, auf daß der es vermehre. Bald darauf starb der Vater, und die einzige, die unser Eigentum zurückverlangen konnte, war ich. Zusammen mit meiner treuen Sklavin Hubub suchte ich den Schuldner lange vergeblich. Erst vor eurer Stadt holten wir ihn ein, und da verlangte er von mir, seine Frau zu werden und zu seinem Glauben überzutreten. Als ich mich weigerte, wurde er wütend, zerriß den Vertrag, den er

einst mit meinem Vater geschlossen, und erklärte uns zu seinen Sklavinnen. Deshalb sollst du uns in Fesseln schmieden..."

Der Schmied glaubte alles aufs Wort. Er legte zwar den Frauen vor den Augen des Juden Fesseln an, damit dieser keinen Verdacht schöpfte, aber gleich darauf lief er zum höchsten Richter der Stadt und trug ihm Marjams Angelegenheit vor.

Der Richter setzte gleich für den nächsten Tag eine Gerichtsverhandlung in dieser Sache an, denn zum einen war er ja für die Gerechtigkeit verantwortlich, und zum anderen war er überaus neugierig auf die Frau, von deren Schönheit der Schmied so geschwärmt hatte.

Der Jude war gerade bei Freunden zu Besuch, so daß Marjam ein Kleid anziehen konnte, das ihren Liebreiz noch unterstrich. Dann ging sie mit dem Schmied, der ihr die Fesseln abgenommen hatte, zum Gericht. Alle vier Richter entbrannten sogleich in Liebe zu ihr, und als sie zudem verlauten ließ, demjenigen, der sie retten würde, ihre Gunst schenken zu wollen, da war ihre Sache bereits so gut wie gewonnen.

Die Gerichtsbüttel ergriffen den ahnungslosen Juden, verprügelten ihn und schleppten ihn mit Gewalt vor Gericht, wo er das Urteil erfuhr: Wenn er Marjam nicht auf der Stelle für frei in Glauben und Recht erklärte und ihr nicht all seinen Besitz aushändigte, der ihr nach dem Gesetz als väterliches Erbe zustehe, sollten ihm Hände und Füße abgehackt werden. Er konnte noch froh sein, überhaupt mit heiler Haut davongekommen zu sein.

Seine Frau packte inzwischen das Wertvollste zusammen und verließ mit Hubub die Stadt. Es war auch höchste Zeit — kurz darauf erschienen vor ihrem Haus die vier liebestollen Richter. Und man erzählte, daß sie bald darauf — obwohl sich alles aufklärte — an Liebeskummer starben.

Damals waren Marjam und Hubub längst auf dem Heimweg. Müde und erschöpft kamen sie eines Tages zu einem Kloster, in dem vierzig Mönche lebten, von denen jeder, kaum daß er die schöne Marjam erblickt hatte, bereit war, die heiligen Gelübde zu brechen. Alle vierzig stellten ihr derart nach, daß die beiden Pilgerinnen schleunigst ihr Heil in der Flucht suchen mußten. Doch auch für die Mönche hatte Marjams Weggang böse Folgen: Sie wurden, von heimlicher Liebe verzehrt, blaß und krank, bis sie schließlich beschlossen, dem Mädchen ein Denkmal zu setzen. Erst dieses steinerne Ebenbild stillte die Sehnsucht aller vierzig.

Nach vielen, vielen Tagen langten Marjam und Hubub endlich in ihrer Heimatstadt an. Masrur wollte seinen Augen nicht trauen, als er die Geliebte gesund und heil wiedersah und noch schöner denn je zuvor. Hatte er doch schon mit dem Leben abgeschlossen und war sterbenskrank vor Sehnsucht nach ihr.

Marjam aber flößte ihm neue Lebenskraft ein. Und da Masrur erkannte, daß er sein glückliches Schicksal nur dem wahren Gott verdankte, der sie wieder zusammengeführt hatte, trat er zu dem wahren Glauben der Moslems über. Dann ließen Marjam

und Masrur den Ehevertrag aufsetzen und konnten sich von nun an ihrer Liebe als Gatten erfreuen.

Doch noch einmal sollte ihnen Gefahr drohen. Eines Tages begegnete Hubub auf der Straße dem alten Juden. Er war auf dem Weg zu seinem Haus und fest entschlossen, mit Marjam abzurechnen. Geistesgegenwärtig setzte Hubub eine Trauermiene auf und schluchzte: „Ach Herr, vergebens würdest du die Herrin zu Hause suchen. Ob deines langen Ausbleibens ist ihr vor Kummer das Herz gebrochen, und vor wenigen Tagen haben wir sie begraben. Ich bin gerade unterwegs zum Friedhof, wenn du willst, komm mit mir, auf daß ich dir ihr Grab zeige."

Der Jude glaubte ihr zunächst nicht so recht, aber er ging doch mit. Auf dem Friedhof führte ihn Hubub zu dem erstbesten frischen Hügel und brach dort in so herzzerreißendes Jammern und Wehklagen aus, daß der Alte alle Zweifel fallenließ und — hatte doch auch ihn die Liebe zu Marjam hergeführt — auf der Stelle vor Kummer und Leid verschied.

So waren Masrur und Marjam gerettet, und von diesem Tage an stand nichts mehr ihrem Glück im Wege.

# *Die Geschichte von Maruf und Fatima, dem Scheusal*

Einst lebten in Kairo zwei Knaben. Sie waren Nachbarn; die Häuser ihrer Väter lagen dicht nebeneinander, nur durch eine Mauer getrennt, in der Roten Straße unweit des Tores Zuwail. Maruf und Ali, so hießen die beiden, waren unzertrennliche Freunde, und einer tat keinen Schritt ohne den anderen.

Gemeinsam verübten sie so manchen Dummenjungenstreich, bis sie eines Tages auf den Gedanken verfielen, sich als Christenkinder zu verkleiden. So angetan gingen sie in eine christliche Kirche und entwendeten dort, Gott sei ihnen gnädig, ein paar Gebetbücher, um sie später zu verkaufen und so ihr kärglich bemessenes Taschengeld aufzubessern.

Sie wiederholten den Diebstahl noch ein paarmal, aber schließlich erwischten die Christen die Missetäter und beschwerten sich bei Alis Vater Ahmad. Ahmad, ein einfacher und ehrlicher Mann, verprügelte seinen Sohn daraufhin derart, daß der vor Wut und Scham von zu Hause ausriß. So wuchs denn von nun an Maruf allein in der gesegneten Stadt heran. Im Buche des Schicksals war ihm beschieden, Flickschuster zu werden und Fatima zu heiraten.

Fatima, seine Frau, wurde mit Beinamen das Scheusal genannt, da sie weder schön, noch gutherzig noch klug war, sondern häßlich, zankhaft und bösartig. Maruf erlebte keine einzige ruhige Stunde mit ihr, Tag und Nacht machte sie ihm das Leben zur Hölle, besonders dann, wenn er von seiner Flickschusterei wenig Geld mit nach Hause brachte.

Eines Tages verlangte Fatima von ihrem Mann, er solle ihr am Abend eine Nudelspeise mit Bienenhonig mitbringen. Nur daß Maruf an diesem Tage keinen einzigen Kunden hatte und seinen kleinen Laden am Abend schließen mußte, ohne auch nur eine Kupfermünze verdient zu haben.

Voller Angst, wie ihn wohl seine Frau empfangen würde, machte er sich auf den Heimweg. Als er an dem Laden des Nudelbäckers vorbeikam, blieb er betrübt stehen, und die Tränen traten ihm in die Augen. Da fragte der Nudelbäcker nach der Ursache seines Kummers, und als Maruf ihm sein Leid klagte, wog der gute Mann ihm fünf Ratel ab und sprach: „Gehe nach Hause und erfreue deine Frau. Ich warte gern mit der Bezahlung, bis dir der Allmächtige einen besseren Verdienst beschert. Doch leider habe ich keinen Bienenhonig, sondern nur Zuckerhonig, weil der besser schmeckt.“

Maruf bedankte sich überschwenglich und eilte frohgemut nach Hause. Doch dort sollte ihm seine gute Laune schnell vergehen. Fatima zeterte und keifte, daß die Nudeln nicht mit Bienenhonig waren, und als Maruf darauf einwandte, daß Zuckerhonig doch besser sei, gab sie ihm einen Backenstreich, daß ihm ein Zahn ausfiel, und raufte ihm schimpfend und schreiend den Bart. Auf das Geschrei hin kamen die Nachbarn gelaufen und tadelten Fatima, so daß Maruf wenigstens den Rest der Nacht in Ruhe verbringen konnte.

Am nächsten Tag saß Maruf kaum in seinem Laden, als auch schon zwei Gerichtsdiener kamen, um ihn zum Richter zu bringen. Zu seiner größten Verwunderung fand er dort seine Frau vor mit verbundenem Arm und blutigem Schleier.

Der Richter fuhr ihn zornig an: „Schämst du dich nicht, deine Frau so zu mißhandeln? Du brichst ihr den Arm und schlägst ihr die Zähne ein, statt ihre bescheidene Bitte zu erfüllen!"

„Bei Allah, dem Allmächtigen, alles hat sich so und so zugetragen…", erwiderte Maruf und erzählte dem Richter alles von Anfang an.

Und da der Richter ein erfahrener Mann und Menschenkenner war, glaubte er dem Flickschuster und schenkte ihm obendrein etwas Geld für Essen und die Gerichtsgebühren.

Der arme Maruf kehrte wieder in seinen Laden zurück, aber bald darauf kam ein Nachbar gelaufen mit einer noch schlimmeren Nachricht.

„Maruf, verstecke dich schnell!" rief er atemlos. „Der Wesir persönlich schickt seine Wachen zu dir. Fatima hat sich bei der Hohen Pforte beklagt…"

Was nun? Der Flickschuster schloß seinen Laden, kaufte sich ein Stück Brot und floh aus der Stadt.

Er kam auch glücklich zum Tor hinaus, aber gerade in diesem Augenblick ging ein fürchterlicher Platzregen nieder. An ein Weiterkommen war bei diesem Wetter nicht zu denken, und so irrte Maruf über die Schutthalden an der Stadtmauer und suchte einen Unterschlupf. Endlich fand er eine graue Nische in einer verfallenen Mauer und schlüpfte dort hinein.

Er starrte in den Regen hinaus und begann in seiner Verzweiflung bitterlich zu weinen. Wie er aber so jammerte und laut sein Schicksal beklagte, öffnete sich plötzlich die Mauer, und heraus trat eine riesige Gestalt, so schrecklich anzusehen, daß sie nicht von dieser Welt sein konnte.

„Was jammerst und heulst du hier herum?" brummte der Marid. „Zweihundert Jahre schon hat niemand gewagt, meine Ruhe zu stören. Erst dein Weinen hat mich geweckt. Und es klingt so verzweifelt, daß ich Mitleid mit dir habe und dir helfen will. So sage mir denn, was dich quält…"

Maruf erstarrte vor Staunen. Da hatte er nun schon sein Sterbegebet hersagen wollen, und auf einmal bot ihm dieses schwarze Gespenst Hilfe an! So stotterte er denn seine Geschichte hervor und sprach den Wunsch aus, weit, weit weg zu sein, irgendwo, wo ihn Fatima nie finden würde.

„So steige auf meinen Rücken!"

Maruf stieg auf, und der Marid hob ihn empor und flog mit ihm von Einbruch der Nacht bis zur Morgendämmerung; und dann setzte er ihn auf einem Berg ab, von dem aus eine große Stadt mit festen Mauern zu sehen war.

„Hier wird dich Fatima nie finden", sagte der Geist. „In dieser Stadt lasse dich nieder."

Nach diesen Worten verschwand er, und Maruf stieg hinab zu der Stadt, das Brot, das er sich noch zu Hause gekauft hatte, unter seinem Mantel verbergend.

Die Sonne stand schon hoch am Himmel, als er endlich den Basar erreicht hatte, staunend über all die Pracht, die ihn umgab, und auch über die Kleidung der Menschen in dieser fremden Stadt. Doch auch er erregte mit seiner Tracht Staunen und Aufmerksamkeit, bis ihn schließlich ein Mann anhielt und fragte: „Ich sehe, daß du ein Fremdling bist. Woher kommst du denn?"

„Aus Kairo, der gesegneten Stadt", antwortete Maruf.

„Und wie lange bist du unterwegs?"

„Seit gestern", sagte Maruf wahrheitsgemäß, aber der Mann lachte ihn aus und rief: „Leute, kommt herbei, dieser Verrückte hier will uns weismachen, daß er gestern noch in Kairo war, wo diese Stadt doch ein ganzes Wegjahr von hier liegt!"

Die Leute scharrten sich um Maruf und nannten ihn einen Lügner, aber der zog das Brot hervor und sprach: „Wenn hier jemand verrückt ist, so seid ihr es! Seht ihr

dieses Brot? Es ist noch frisch, erst gestern gebacken. Wer von euch in Kairo war, weiß, daß ich die Wahrheit spreche."

Aber es war keiner unter der Menge, der seine Worte hätte bestätigen oder widerlegen können, denn sie waren nie in Kairo gewesen.

Da fiel einem von ihnen ein: „Wir wollen zu dem Kaufmann Ali gehen, der ist auch aus Kairo."

Das Haus des Kaufmanns war nicht weit, und dort angekommen, sollte Maruf erfahren, daß das Buch des Lebens nicht nur Leid, sondern auch Freude für ihn bereithielt. Der Kaufmann bestätigte, daß das Brot tatsächlich nur in Kairo gebacken sein könne, und als sich die Menge wieder verlaufen hatte, lud er den Flickschuster in sein Haus ein. Dort ließ er ihm das Gewand eines Vorstehers der Kaufmannschaft anlegen, bewirtete ihn reich und fragte ihn aus, was es in Kairo Neues gäbe und vor allem, wie es dem Scheich Ahmad aus der Roten Straße gehe.

Da erst erkannte Maruf in dem reichen Kaufmann seinen alten Freund Ali wieder, den er verloren hatte, als beide sieben Jahre alt waren. Und Ali, obwohl heute reich und angesehen, bekannte sich freudig zu seinem Spielgefährten aus der Kinderzeit und gab ihm einen guten Rat: „Diese Stadt heißt Chutlan und liegt so weit von unserem Kairo entfernt, daß niemand hier deinen Stand und deine Armut kennt. Die Welt will betrogen sein, deshalb habe ich dich das Kleid eines reichen Kaufmanns anziehen lassen und werde dir nun tausend Dinare leihen. Dann gehen wir auf den Basar, und ich werde dich überall für einen steinreichen Kaufmann ausgeben. Wenn man dich nach deinen Waren fragt, so sage, du hättest ihrer Unmengen, aber sie seien noch mit der Karawane unterwegs. Von dem Geld, das ich dir gebe, gib den Armen Almosen; so werden die Kaufleute dich achten, und wenn du geschickt bist, wirst du es bald weit gebracht haben.“

Wie gesagt, so getan.

Ein schwarzer Sklave geleitete Maruf auf den Basar, und als auch sein Freund dort eingetroffen war, gingen sie von einem Stand zum anderen, wobei Ali immer wieder stehenblieb und, auf die ausgestellten Tuche zeigend, fragte: „Und hast du auch solches Leinen mitgebracht, Herr?“

„Ja“, antwortete Maruf. „Aber viel, viel mehr.“

Schließlich rief Ali alle Kaufleute zusammen und stellte den Flickschuster vor: „Dies ist der reichste Kairoer Kaufmann, und es ist eine große Auszeichnung für uns, daß er uns mit seinem Besuch beehrt!“

Unterdessen verteilte Maruf Almosen mit vollen Händen, bis sein Beutel leer war.

„Ihr habt sehr viele Arme hier“, sprach er dann den nächststehenden Kaufmann an. „Wenn ich das geahnt hätte, so hätte ich einen ganzen Sack voll Geld mitgebracht, denn es ist nicht meine Art, Bettler abzuweisen... Ich brauche mindestens tausend Dinare für Almosen, bis mein Gepäck eintrifft.“

Der Kaufmann lieh ihm die tausend Dinare, und Maruf verteilte weiter Almosen. Ehe der Tag dem Abend wich, hatte er sich noch mehrmals Geld geborgt, und seine Schuld belief sich auf ein halbes hunderttausend.

Sein Freund Ali hatte das alles wohl beobachtet und war sehr verärgert ob Marufs Freigebigkeit, vor allem, als dieser ihm auf seine Vorhaltungen erwiderte: „Was ist das alles gegen meine Karawane? Es ist doch nur ein Almosen...“

Was sollte nun Ali tun? Er konnte ja nicht die Wahrheit sagen, ohne als Lügner bezichtigt zu werden, nachdem er selbst den Freund so gerühmt hatte. Darum riet er den Kaufleuten, als diese sich bei ihm beschwerten, daß Maruf die Schulden nicht zurückzahlen wolle: „Tragt eure Sache doch dem König vor, Maruf schuldet mir auch tausend Dinare, und es ist mir peinlich, ihn zu mahnen.“

Nun war der König jener Stadt über die Maßen habgierig, und als die Kaufleute ihm ihre Klage vortrugen, sagte er sich: ‚Wenn dieser Kaufmann nicht wirklich ungeheure Reichtümer besäße, so wäre er gewiß nicht so freigebig. Das beste wird sein, wenn ich mich mit ihm anfreunde, bevor die Karawane eintrifft, damit ich mehr abbekomme als die Kaufleute... Ich werde ihn mit meiner Tochter vermählen und so sein Gut zu dem meinen fügen.‘

Mit dieser Absicht vertraute sich der König sogleich seinem Wesir an. Der aber, da er sich selbst schon lange mit dem Gedanken trug, die Königstochter zu heiraten, wandte ein: „Dieser Mensch ist bestimmt ein Betrüger, denn er hat keine Achtung vor Geld und Besitz. Wenn du die Wahrheit über ihn erfahren willst, so unterziehe ihn einer Probe. Zeige ihm eines deiner Juwelen, und wenn er dessen wahren Wert nicht erkennt, dann ist er ganz bestimmt nicht der, für den er sich ausgibt.“

Der König befolgte den Rat seines Wesirs und ließ Maruf zu sich rufen. Als der Flickschuster erschien, sprach der König also zu ihm: „Die Kaufleute haben Beschwerde wider dich geführt, daß du ihnen ein halbes Hunderttausend Dinare schuldest. Warum gibst du ihnen das Geld nicht zurück?“

„Weil meine Karawane noch nicht eingetroffen ist. Sobald sie da ist, bekommen sie von mir das Doppelte zurück.“

„Und was sagst du dazu?“ gab der König, dem Flickschuster einen Edelstein im Werte von tausend Dinaren hinhaltend, dem Gespräch eine andere Richtung.

Maruf nahm das Kleinod in die Hand, betrachtete es und brach es dann mit seinen starken Fingern in Stücke.

„Was tust du da?“ rief der König erbost. „Warum vernichtest du ein so teures Kleinod, das seine tausend Dinare wert ist?“

„Oh, ich ahnte nicht, daß die königliche Schatzkammer so arm ist“, entschuldigte sich Maruf. „Ein so billiger Stein ist deiner nicht würdig, denn einem König der Stadt gebührt ein Juwel im Werte von siebzigtausend Dinaren.“

Diese Worte machten gewaltigen Eindruck auf den habgierigen König — mußte ein solcher Kaufmann doch gewiß Reichtümer besitzen, die alle Säle seines Palastes füllen würden.

Deshalb trug er sogleich dem Wesir auf, die Hochzeit auszuhandeln. Bald darauf unterschrieben sie den Ehevertrag und feierten ein Freudenfest, das vierzig Tage und vierzig Nächte dauerte.

Maruf war glücklich, denn die Braut war so schön, daß neben ihr selbst das Licht des Mondes erblaßte. Ihr zu Ehren bewog der Flickschuster den König, die Schatzkammern zu öffnen — natürlich mit dem Versprechen, ihm später alles

doppelt und dreifach zurückzugeben. Und am einundvierzigsten Tag stellte er dann einen prunkvollen Hochzeitszug für die Braut zusammen.

Doch im gleichen Maße, wie in den folgenden Tagen das Glück des jungen Paares größer und größer wurde, wuchsen auch die Zweifel des Königs, denn die Karawane des Kaufmanns ließ noch immer auf sich warten. Auch der Wesir goß eifrig Öl ins Feuer, und schließlich beschworen die beiden Marufs Gemahlin, die Wahrheit aus ihm herauszubekommen.

Und die Prinzessin brachte Maruf an jenen Abend mit ihren Schmeicheleien und Liebkosungen wirklich so weit, daß er völlig den Verstand verlor und sich ihr anvertraute. Nun brachte es die Prinzessin aber nicht übers Herz, den geliebten Gatten der Schande oder vielleicht gar dem Henker auszuliefern. Lieber schenkte sie ihm selbst fünfzigtausend Dinare und ließ ein schnelles Pferd satteln, damit er noch in der gleichen Nacht in die Fremde fliehen konnte, um dort zu Reichtum zu gelangen und dann ruhmreich zurückkehren zu können.

Am Morgen sprach sie dann zu ihrem Vater: „Der Allwissende verfluche deinen Wesir, denn er wollte meinen Gemahl anschwärzen. Mein Herr hat nämlich gerade gestern einen Brief erhalten, in dem die fünfhundert Mamelucken seiner Karawane mitteilen, sie seien von Nomaden überfallen worden und durch den Kampf mit diesen, da sie alle Waren retten wollten, aufgehalten worden. Mein Gatte aber geriet in Zorn und ritt sogleich seiner Karawane entgegen, sie anzutreiben, denn was bedeute schon der Verlust einiger Lasten, wenn sie im Vergleich mit all seinen Reichtümern doch nur ein Sandkorn in der Wüste sind."

So gewann der König wieder Vertrauen und schalt den Wesir ob dessen Verdächtigungen.

Maruf irrte indes durch die Gegend, ohne darauf zu achten, wohin ihn sein Pferd trug, so sehr litt er unter der Trennung von der Prinzessin. Der Muezzin rief bereits zum Mittagsgebet, als ihn der Hunger aus seinen trüben Gedanken riß und er sich zum ersten Mal verwundert umschaute — er befand sich auf einem Feld, und ganz in der Nähe ging ein Bauer hinter dem Pflug.

Der Mann, der aus der kostbaren Kleidung des Fremden schloß, daß er einen vornehmen Herrn vor sich hatte, erbot sich, aus dem Dorf etwas zu essen zu holen.

‚Meinetwegen hat er seine Arbeit liegengelassen, also gehört es sich, daß ich ihn in der Zeit, die er mir opfert, vertrete', sagte sich der Flickschuster und trieb, sich tief über den Pflug beugend, den Ochsen an. Doch nach einigen Schritten blieb die Pflugschar an etwas hängen, und als Maruf nachsah, da war es ein Ring aus purem Gold, der an einer Marmorplatte befestigt war. Es kostete ihn viel Kraft, bis er die Platte gehoben hatte und darunter eine runde Öffnung sah, aus der ihm kalte

Kellerluft entgegenwehte. Maruf stieg hinab, und als sich seine Augen an die Dunkelheit gewöhnt hatten, schrie er auf vor Überraschung.

Er stand in einem großen unterirdischen Saal mit vier geräumigen Seitennischen, die bis an die Decke mit wertvollen Schätzen angefüllt waren. In der einen sah er Gold, in der zweiten Perlen, in der dritten Hyazinthe, Rubine und Türkise, in der vierten Diamanten. Noch nie hatte er solche Reichtümer beieinander gesehen, nicht einmal im Traum. In der Mitte des Saales aber stand eine Kristalltruhe und auf dieser eine goldene Schatulle, die ihn mit magischer Kraft anzog. Er öffnete sie und mußte die Augen schließen vor dem hellen Glanz des Siegelringes, der darin lag.

Er studierte das Siegel, aber er konnte nicht schlau werden aus den geheimnisvollen Zeichen und Buchstaben. Also rieb er es mit der Handfläche, in der Hoffnung, so vielleicht besser sehen zu können. ... In dem gleichen Augenblick ertönte hinter ihm eine Stimme: „Ich stehe dir zu Diensten, mein Herr und Gebieter!“

Maruf drehte sich erschrocken um, konnte im Dämmerlicht aber nur die Umrisse einer männlichen Gestalt ausmachen.

„Wer bist du, und was tust du hier?" fragte er.

„Ich bin der Glücksbringer Abussadat, der Diener dieses Ringes. Wisse, meine Macht ist nicht gering. Ich bin Sultan über viele tausend Dschann, von denen jeder über tausend Marids gebietet, diese wiederum herrschen jeder über tausend Faune, von denen du gewiß weißt, daß sie je tausend Satane befehligen und jeder Satan tausend Dschinn. Und mit dieser Macht werde ich von nun an dir dienen..."

Maruf verschlug es vor Staunen fast die Sprache.

„Was für Schätze bewachst du hier? Kannst du sie auf die Erde hinaufbringen?" stieß er schließlich hervor.

„Es ist der größte Schatz der Welt, und zusammengetragen hat ihn vor langer Zeit Ibn Ad, ehe er den Zorn des Allmächtigen auf sich herabrief, weil er mit seiner irdischen Macht eine Paradiesstadt erbauen wollte. Jetzt aber gehört alles dir, und ich lasse es sofort hinaufschaffen..."

Im Nu setzte ein reges Treiben ein. Hunderte von Dienern und Mamelucken des Abussadat erschienen, um die Truhen in die Oberwelt zu schaffen. Dann bauten sie Zelte auf, eine ganze Zeltstadt, die in ihrer Pracht und Ausstattung jedes königliche Feldlager übertraf. Als der Bauer aus dem Dorf mit einer Schüssel Linsen zurückkam, brachte er vor Staunen und Furcht kein Wort heraus.

Maruf aber, in königliche Gewänder gekleidet, ging ihm freundlich entgegen, aß das einfache Gericht und ließ dem Pflüger dann die Schüssel bis zum Rand mit Edelsteinen füllen.

Dann schickte er einen Eilboten an seine Gemahlin und seinen königlichen Schwiegervater und teilte ihnen mit, daß er mit der verspäteten Karawane einträfe und der König ihm entgegenkommen solle.

So geschah es dann auch.

Am nächsten Tage konnte der König nicht genug staunen über die ungeheuren Schätze des Maruf, und er geleitete seinen Schwiegersohn mit großen Ehren in die Stadt.

Alle Kaufleute erhielten ihre Dinare doppelt zurück, und für die Königstochter mußte Abussadat ein perlenbesticktes Kleid bringen und den kostbarsten Schmuck, den man sich nur vorstellen kann. Alle waren zufrieden und glücklich.

Nur der böse Wesir war noch immer von Haß und Neid erfüllt und hörte nicht auf, Maruf zu verdächtigen und den König gegen ihn aufzuhetzen.

„Ich fürchte, daß das alles nicht mit rechten Dingen zugeht", meinte er. „Ein Kaufmann kann doch nie und nimmer solche Schätze zusammentragen, wie sie nicht einmal Könige besitzen. Und Kaufleute sind auch nicht so freigebig gegenüber den

Armen, denn es liegt in ihrer Art, daß sie ständig darauf aus sind, ihren Besitz durch geschickten Handel zu vergrößern, nicht aber ihn zu verschleudern..."

Dem König leuchtete das ein, und neugierig, wie er war, wäre er gern der Sache auf den Grund gekommen, doch er wußte nicht, wie.

„Nichts leichter als das, mein Gebieter", versicherte der Wesir. „Wir beide wollen deinen Schwiegersohn in den Blumengarten zu einem kleinen Gelage einladen. Wenn ihm dann der Wein den Verstand vernebelt, wird er uns schon verraten, wie es sich in Wirklichkeit verhält."

Kurz nach diesem Gespräch mit dem Wesir lud der König Maruf in seinen Garten ein, und Maruf nahm, nichts Böses ahnend, die Einladung mit Freuden an.

Als dann alle drei gegessen und sich die Hände gewaschen hatten, perlte in den Bechern der Wein. Der erste Schluck trieb Maruf das Blut in die Wangen, und bei den nächsten stieg heiße Glut in ihm auf. Der König und der Wesir hielten sich

absichtlich zurück, schenkten nur dem Schwiegersohn immer wieder ein, bis der trunken und nicht mehr Herr seiner Sinne war.

Nun war des Wesirs Stunde gekommen. Geschickt brachte er Maruf dazu, ihm alles zu erzählen und ihm sogar den Ring zum Anschauen zu überlassen. Da rieb der Wesir schnell das Siegel, und Abussadat erschien vor ihm und fragte nach seinem Begehr.

„Wirf diesen Elenden in die ödeste Wüstenei, wo er weder zu essen noch zu trinken findet!“ befahl der Wesir, auf Maruf deutend.

Dann wandte er sich an den König: „Nun, habe ich nicht gleich gesagt, daß er ein Betrüger ist?“

„Du hattest recht. Doch nun gib mir den Ring, ich will ihn auch ausprobieren!“ verlangte der König.

„Ach, was bist du für ein Dummkopf!“ rief da der Wesir, lachte schallend und rief wieder den Diener des Ringes herbei.

„Trage den König seinem Schwiegersohn nach!“ befahl der Verräter, und Abussadat befolgte ungeachtet der Proteste des Königs den Befehl. Wenige Augenblicke später erfreute sich Maruf wieder der Gesellschaft seines Schwiegervaters, diesmal allerdings nicht in Lust und Freuden, sondern in der Hoffnungslosigkeit der Wüste, aus der es kein Entrinnen gab.

Inzwischen verkündete der Wesir allen Soldaten und der ganzen Stadt, daß er im Besitz des Zauberringes sei und also mächtiger als sie alle zusammen, und er rief sich zum König aus. Am Abend aber eilte er, seinen sehnlichsten Wunsch endlich Wirklichkeit werden zu lassen: die Königstochter zu seiner Frau zu machen.

Die aber war längst über seine Absichten informiert und hatte sich, die Zauberkraft des Ringes wohl kennend, eine List ausgedacht. Sie tat, als fühle sie sich durch seinen Besuch beglückt, als er aber zu ihr trat, um sie zu küssen, wich sie zurück und sprach lächelnd: „Dieser Augenblick gehört nur uns beiden, und ich ertrage es nicht, wenn ein dritter uns zusieht.“

„Wer sieht uns denn zu?“ fragte der Wesir verwundert, da er ja niemanden weiter im Zimmer sah.

„Jemand aus deinem Ring...“

„Aber das ist doch nur Abussadat, mein Diener...“

„Wie kannst du einem Diener erlauben, mich mit seinen Blicken zu belästigen?“ rief die Prinzessin zornig. „Lege sofort den Ring ab!“

Der Wesir zog arglos den Ring vom Finger und legte ihn auf ein Kissen. Indem versetzte ihm die Königstochter einen solchen Tritt in den Leib, daß er ohnmächtig umfiel. Schnell nahm sie den Ring, rieb das Siegel und befahl Abussadat: „Wirf den

Wesir in den Kerker und schmiede ihn mit eisernen Ketten an! Und wenn du das vollbracht hast, so schaffe mir wieder meinen rechtmäßigen Gemahl und meinen Vater herbei. Aber beeile dich!“

Es war ein freudiges Wiedersehen. Der König ließ den verräterischen Wesir hinrichten und setzte Maruf an seiner Stelle ein. Der Ring aber blieb in den Händen der Prinzessin, denn die verstand am klügsten mit ihm umzugehen. Und als der alte König starb, da wurde Maruf zu seinem Nachfolger und zur gleichen Zeit auch Vater eines Knaben, der mit außerordentlichem Verstand gesegnet war.

Nach dem Tode des alten Königs verbrachte Maruf fünf Jahre in Wonne und Glück, bis die Königin von einer tödlichen Krankheit befallen wurde und starb. Noch vor ihrem Tod übergab sie ihrem Gemahl den Ring und sprach also: „Ich trage dir auf, diesen Ring zu hüten zu deinem eigenen Wohl und zum Wohl unseres Sohnes."

Zwei Jahre später sollte sich die Sorge der sterbenden Königin als begründet erweisen: Maruf schlief gerade friedlich auf seiner Ruhestatt, als er plötzlich von dem Gefühl, nicht allein zu sein, munter wurde. Er schlug die Augen auf und meinte zunächst, noch im Reich der Träume zu weilen, denn neben seinem Kissen ruhte der Kopf eines abgrundhäßlichen, kahlköpfigen Weibes. Aber an den hervorstehenden Eckzähnen erkannte er, daß er nicht träumte — das war ja Fatima, das Scheusal, seine böse erste Frau!

Maruf hätte sie gewiß davonjagen können, er war ja nun König und brauchte niemand zu fürchten als den Allmächtigen. Aber er tat es nicht, sondern hörte sich Fatimas Geschichte an, wie sie nach seiner Flucht Hunger, Schande und Erniedrigung habe erdulden müssen als Strafe für all die Schmach, die sie ihm angetan, und wie sie dann nach Jahren, als Not und Verzweiflung am größten waren, vor die Stadtmauern von Kairo gelaufen war, sich dort auszuweinen und über ihr Elend zu klagen. Und da sei ihr der schwarze Marid erschienen und habe sie schließlich hierher getragen in den Palast ihres Herrn und Gebieters.

Und sie demütigte sich so lange vor ihm wie die elendste Sklavin, daß er schließlich Mitleid mit ihr empfand und sie bei sich behielt.

Am nächsten Tag ließ er Fatima ein Schloß anweisen wie einer Königin, wo sie alles hatte, was sie sich nur wünschen konnte; ansonsten aber ging er ihr lieber aus dem Weg, denn er hatte noch sehr gut in Erinnerung, wie schlimm sie ihm damals mitgespielt hatte. Allerdings glaubte er nicht, daß sie ihm jetzt noch schaden könnte, um so mehr, da sie ihn ständig ihrer Dankbarkeit versicherte.

Aber sie hätte nicht Fatima, das Scheusal, sein dürfen, wenn sich in ihrem Herzen nicht neuer Zorn angesammelt hätte. Diesmal war die Ursache, daß der König seine Liebe nicht ihr, sondern einer schönen jungen Sklavin schenkte. Aus Haß und Eifersucht beschloß Fatima, Maruf zu vernichten.

Durch verschiedene Schliche und Listen hatte sie bald das Geheimnis des Siegelringes herausgefunden und auch, wie sie ihn, um ihre bösen Absichten zu verwirklichen, in ihren Besitz bringen könnte: Nur einmal am Tage legte ihn Maruf ab, und zwar vor dem Bade, das er zu nehmen pflegte, ehe er sich zur Ruhe begab.

Und so schlich sich Fatima, das Scheusal, im Schatten der Nacht zwischen den Wachen hindurch in den Königspalast, um in einem Versteck darauf zu warten, bis sich Maruf ins Bad begab.

Die Nacht ist blind für böse Taten, nicht aber für die gerechte Vergeltung. Und so geschah es, daß, als Fatima heimlich ins Schlafgemach des Königs schlich, der siebenjährige Prinz ihre tastenden Schritte vernahm.

Er gürtete sich sein kleines Schwert um und schaute vorsichtig in den Raum: Die böse alte Hexe, der er immer möglichst aus dem Weg gegangen war, suchte im Raum umher und murmelte dabei vor sich hin: „Wo hat er nur den Ring?"

Der Prinz erriet sofort, welchen Ring sie meinte. Endlich hatte Fatima das Gesuchte entdeckt und griff danach. Aber noch ehe sie das Siegel reiben konnte, sprang der Knabe aus seinem Versteck heraus und hieb ihr mit einem einzigen Schlag den Kopf ab.

Indem kam auch schon Maruf herbei, und der Sohn sprach also zu ihm: „Mein

Vater, du hast mich oft gefragt, wann ich mit meinem Schwert in den Kampf zu ziehen gedenke, und ich habe dir geantwortet: Wenn die Gerechtigkeit nach seinem Schlag ruft. Siehe, die Zeit ist gekommen.“ Und er zeigte auf Fatimas Hand, die sich noch immer um den Ring krampfte.

So überstand Maruf die letzte Gefahr, denn von nun an lebte er glücklich und in Frieden bis zu jener Stunde, da der zu ihm kam, der die Freuden schweigen heißt und die Freundesbande zerreißt.

# Die Geschichte von dem Schmied Basim

Es gibt so viele Geschichten aus der Zeit des Kalifen Harun ar-Raschid wie der nächtliche Himmel Sterne zählt, und wie diese strahlen sie weithin und ewig, bis in unsere Zeit.

Man erzählt sich, daß der Kalif einmal, als ihn die Herrschersorgen gar zu sehr bedrängten, von einer tiefen Niedergeschlagenheit ergriffen wurde, die er vergebens zu vertreiben suchte. Schließlich bat er seinen Wesir Dschafar um Rat.

Dschafar rieb sich eine Weile nachdenklich den Bart und erklärte dann: „Wir sollten irgendwohin gehen, wo Trübsal und Verdruß keinen Eingang haben. Laß uns in Verkleidung unter das einfache Volk gehen, vielleicht erleben wir dort etwas, was deinen Sinn aufheitert."

Harun nahm den Vorschlag begeistert auf. Sie weihten noch den schwarzen Henker Masrur ein und verließen dann heimlich durch eine Hintertür den Palast. Sie spazierten lange durch die nachtstillen Straßen Bagdads, bis ihnen der Wind von irgendwo fröhlichen Gesang zutrug:

*„Wie du im Becher perlst,*
*du Wein von rotem Schein,*
*der Sonne gütige Gabe*
*schenk ich dich wieder ein..."*

Sie gingen dem Lied nach und entdeckten bald an einer der nächsten Ecken im erleuchteten Fenster eines hohen Hauses den Schatten eines Mannes mit einem Becher in der Hand.

„Hier finde ich bestimmt eine Medizin gegen meine schlechte Laune", meinte der Kalif. „Masrur, sorge dafür, daß uns das Haus geöffnet wird!"

Masrur klopfte an die Tür, und gleich darauf erschien in dem Fenster ein Kopf wie ein Kessel, und eine laute Stimme donnerte: „Was ist los, ihr Herumtreiber? Was stört ihr mich?"

Harun konnte sich kaum das Lachen verbeißen.

„Wir sind fremde Kaufleute und möchten dir gern Gesellschaft leisten, um ein wenig in Stimmung zu kommen."

Der Kopf verschwand, und kurz darauf erschien in der Tür der Herr des Hauses — ein wahrer Riese von Gesalt, der mit einem Schlag hätte alle drei außer Gefecht setzen können.

„Ihr seht nicht gerade wie Kaufleute aus", brummte er. „Und glaubt ja nicht, daß ihr bei mir herrschaftlich bewirtet werdet. Keinen Schluck und keinen Bissen habe ich für euch übrig. Und außerdem müßt ihr mir versprechen, daß ihr kein Wort über das, was ihr hier seht oder hört, irgendwo verlauten laßt!"

Neugier, stärker noch als ein unbestimmtes Angstgefühl, ließ sie in das Haus eintreten, wo der Kraftprotz für sich ganz allein ein wahres Festgelage aufgetischt hatte: verschiedene Braten, Gebäck, frisches Obst und eine volle Flasche.

Sie setzten sich wie Gäste an den Tisch, aber der Riese gab sich alles andere denn gastlich und fuhr Dschafar an: „Bilde dir nur nicht ein, du überfressener Dickbauch, daß du dich hier noch dicker fressen kannst! Und du" — das galt dem schwarzen Masrur — „bist auch im Irrtum, wenn du denkst, daß du dir hier einen hinter die Binde gießen kannst, du bodenloses Faß!"

Und während sie der Riese so und ähnlich beschimpfte, lachte der Kalif, wie er schon lange nicht mehr gelacht hatte.

Es wurde schon langsam Morgen; die Schüsseln waren leer, die Flasche auch, als Harun ar-Raschid fragte: „Sag uns Herr, wer bist du, und was tust du, daß du dir solch ein Nachtmahl leisten kannst?"

„Ach ihr Heuchler, habt ihr nicht versprochen, über alles zu schweigen?" schimpfte der Gastgeber. Doch dann erklärte er friedfertig: „Also wißt, ich heiße Basim und bin Schmied. Mit meiner Hände Arbeit verdiene ich tagtäglich fünf Silberdirhame, und für die prasse ich dann bis zum Morgen, wo ich wieder zur Arbeit gehe. So halte ich es schon zwanzig Jahre, und nichts und niemand wird je etwas daran ändern."

„Und wenn du nun morgen deine Arbeit verlierst?" wandte der Kalif ein.

„Du bist ein schlechter Prophet, und wenn wirklich eintreffen sollte, was du da unkst, so werde ich euch ausfindig machen, und dann gnade euch Gott!"

Harun ar-Raschid erhob sich und lachte gezwungen: „Es war ja nur ein Scherz. Wie sollten wir Kaufleute von weither dir schaden können?"

Dann verabschiedeten sie sich von Basim und gingen zurück in den Kalifenpalast.

Verärgert über die Selbstherrlichkeit des Schmiedes und die Demütigung, die ihnen zuteil geworden, beschloß der Kalif, Basim eine gehörige Lehre zu erteilen. Gleich am Morgen befahl er dem Präfekten: „Von heute an verbiete ich für drei Tage jegliche Arbeit in sämtlichen Schmieden der Stadt. Wer sich meinem Befehl widersetzt, verliert seinen Kopf!"

Der arme Basim! Als er von seinem Meister die böse Nachricht erfuhr, fielen ihm sogleich seine nächtlichen Gäste ein. Na, die sollten ihm lieber nicht wieder unter die Augen kommen!

Unverrichteterdinge mußte Basim wieder nach Hause gehen und zerbrach sich den Kopf, wie er heute seinen Lebensunterhalt verdienen sollte. So kam er bis zu den städtischen Bädern und traf dort seinen alten Freund Chalid, der im Badehaus angestellt war.

„Was machst du denn für ein Gesicht, so kenne ich dich ja gar nicht?" sprach der Bader ihn an.

Der Schmied berichtete, was ihm zugestoßen sei und daß er keinen blanken Dirham in der Tasche habe.

„Dem ist leicht abzuhelfen", meinte Chalid. „Du arbeitest einfach die drei Tage bei uns, bis deine Schmiede wieder öffnet."

Statt den Hammer zu schwingen, massierte Basim an diesem Tage den Badegästen die Füße und rieb sie mit duftenden Salben ein. Bis zum Mittagsgebet hatte er wieder seine fünf Dirhame beisammen und ging vergnügt nach Hause. Ach, wie leicht hatte es doch so ein Bader, von heute an würde er nur noch diesen Beruf ausüben!

Es wurde Nacht, und über die Bagdader Türme kletterte die runde Scheibe des Mondes. Wieder war Basims Fenster hell erleuchtet, wieder klang von dort fröhlicher Gesang auf die Straße. Und wieder klopfte jemand an die Tür.

„Ich habe gerade an euch gedacht!“ schimpfte der Riese, als er die drei bekannten Gestalten einließ. Aber der Wein hatte bereits seine Wut gestillt, so daß er die Besucher auch diesmal Platz nehmen ließ, um sie mit Gespött und Hohn zu traktieren.

Harun ar-Raschid wollte vor allem wissen, wie sich Basim das Geld für sein Nachtmahl verschafft hatte.

„Neugieriges Gesindel!“ brummte der Schmied. „Wisse, deine Prophezeiung hätte sich beinahe erfüllt, aber von heute an arbeite ich für den gleichen Lohn im Bad, weil der Kalif die Arbeit in den Schmieden verboten hat.“

„Und wenn er auch die Bäder schließen läßt?“

„Das könnte dir so gefallen, was? Ihr seid mir schöne Gäste, schert euch aus meinem Haus davon!“

Die drei hatten ganz schön zu tun, den Schmied wieder zu besänftigen, aber es gelang ihnen doch, und erst gegen Morgen verließen sie sein Haus.

Harun ar-Raschid wußte schon, wie er dem Schmied doch noch beikommen würde, und so lautete sein erster Befehl an diesem Morgen, für drei Tage sämtliche Bäder der Stadt zu schließen.

Das Volk ärgerte sich über diese unsinnige Anordnung, am meisten aber schimpfte Basim. Ach, hätte er nur vor seinen nächtlichen Besuchern die Zunge im Zaum gehalten! Aber jetzt war es zu spät, er mußte sich wieder nach einer anderen Arbeit umsehen. Er ging von Tür zu Tür, aber vergebens; denn es hatte sich schon herumgesprochen, daß dort, wo er erscheint, das Ungemach auf dem Fuße folgt. Müde und traurig ging er schließlich nach Hause, und dort fiel sein Blick auf ein Tuch, das in einer Ecke herumlag.

‚Ich werde es für fünf Dirhame verkaufen‘, beschloß er, und er steckte das Tuch ein, um damit auf den Basar zu gehen. Unterwegs kehrte er in einer Medrese ein, wo er die heilige Waschung vornahm und für den Erfolg seines Vorhabens betete. Dann besprengte er das Tuch mit dem geweihten Wasser, befestigte es, um es nicht zu zerknittern, an seinem Turban und überlegte weiter, wo er es am günstigsten verkaufen könnte.

Wie er so grübelnd am Tor des hohen Hauses der Gelehrsamkeit stand, trat eine fremde Frau zu ihm und sprach ihn an: „Herr, du bist ein Bote des Gesetzes, und ich habe eine Klage vorzubringen.“

‚Aha, sie hält mich für einen Gerichtsboten, weil ich ein Tuch am Turban trage wie diese', dachte Basim bei sich, laut aber sagte er: „Worum geht es denn? Ich kann dir bestimmt helfen."

„Ich beklage mich über meinen Mann, den Flickschuster. Laut Ehevertrag sollte ich von ihm fünf Dinare erhalten, aber er hat mir bis heute noch keinen einzigen gegeben."

„Führ mich zu ihm, und er wird auf der Stelle zahlen!" donnerte der Schmied.

„Brauchen wir nicht erst die Unterschrift des Richters?" wandte die Frau schüchtern ein.

„Ich kann selbst alles unterschreiben."

Die Frau gab Basim zwei Dirhame und sagte: „Das ist für deine Mühe. Die Werkstatt meines Mannes ist gleich hier um die Ecke."

Basim steckte das Geld ein, gebot der Frau, hier zu warten, und ging in den Laden. Dort hob er den lieben Schuster von seinem Schemel, warf ihn sich über die Schulter und eilte mit langen Schritten davon, so daß die Schustersfrau ihn bald aus den Augen verloren hatte.

„Was willst du von mir? Wohin trägst du mich?" jammerte der Mann, zitternd vor Angst.

„Zum Gericht! Du zahlst deiner Frau nicht, wie es abgemacht war!"

„Ich will dir ja alles erklären, will alles wiedergutmachen, bleib doch um Himmels Willen stehen!" bettelte der Flickschuster so lange, bis Basim anhielt und den Mann absetzte.

„Also, was willst du?" fragte er mit drohender Stimme.

„Höre, o Bote des Gesetzes, ich verspreche dir, mich mit meiner Frau auszusöhnen und ihr zu geben, was ihr zusteht, nur schaffe mich nicht zum Richter."

„Und wer bezahlt mir meine Dienste?" erregte sich Basim.

„Ich will dir ja gern drei Dirhame als Entschädigung geben", versicherte der Mann.

„Nun, so will ich diesmal noch Gnade vor Recht ergehen lassen", brummte der Schmied und entließ den Flickschuster, natürlich erst, als er die drei Silberstücke in der Tasche hatte.

Dann kaufte er wie üblich ein und freute sich auf den Abend, denn nun war er alle Sorgen für den nächsten Tag los. Die Gerichte konnte der Kalif schließlich beim besten Willen nicht schließen, damit würde er sich nur ins eigene Fleisch schneiden. Ob wohl die drei Kaufleute wiederkommen würden? Na, denen wollte er's heimzahlen!

Die Flasche war schon fast leer, als sie erschienen. Und das war wohl auch der Grund dafür, daß der Schmied sein Vorhaben längst vergessen hatte und sich damit begnügte, sie zu foppen und zu verspotten. Und natürlich brüstete er sich damit, wie er sich selbst zum Gerichtsboten ernannt hatte und daß er diesen Beruf auch in Zukunft ausüben wolle.

Mehr wollte der Kalif gar nicht wissen. Gleich am nächsten Morgen ließ er den obersten Richter der Stadt Bagdad kommen und teilte diesem mit: „Es ist mir zu Ohren gekommen, daß unter deinen Boten viele sind, die dich belogen haben und ihren Dienst ausüben, ohne daß schon ihr Vater und ihr Großvater dieses Amt innegehabt hätten, wie es Vorschrift ist. Gehe, und verhöre einen jeden von ihnen; und wer zurecht Gerichtsbote ist, dem erhöhe sein Gehalt, wer sich aber unrechtmäßig eingeschlichen hat, den laß zur Abschreckung auspeitschen!"

Der Richter war nicht wenig verwundert über diesen Befehl, konnte er sich doch nicht erinnern, daß je etwas Ähnliches vorgefallen wäre. Dennoch eilte er sofort zum

Gerichtshaus, wo sich die Boten jeden Morgen einzufinden pflegten.

Auch Basim war an diesem Tage unter ihnen. Da wurden sie auf einmal von Wachen umstellt, die einen Prügelbock und Peitschen herbeibrachten, und der Richter begann einen nach dem anderen zu verhören. Er fragte sie nach ihrem Vater und Großvater und nach ihrem Gehalt, so daß unser lieber Schmied, noch ehe die Reihe an ihm war, wußte, was ihn erwartete.

Sie verprügelten ihn nach Strich und Faden und warfen ihn dann auf die Straße.

Das Schelten des Richters klang noch in seinen Ohren nach, als er sich stöhnend nach Hause schleppte. Er dachte längst nicht mehr an die fünf Dirhame, sondern nur noch daran, schleunigst aus der Stadt zu verschwinden, wo ihm, wie es aussah, nichts

Gutes mehr blühte. Zu Hause sah er sich in seiner Kammer um. Da gab es nichts, was er hätte mitnehmen können, bis auf eine alte Säbelscheide, die in einer Ecke herumlag, und eine schwere Keule.

Er gürtete die Scheide um und steckte ein einfaches Stück Holz hinein, das er oben zu einem Griff schnitzte. Die Keule nahm er auch mit — wer weiß, vielleicht würde er sie unterwegs gebrauchen können. Und dann verließ er sein Haus, um der Stadt für immer auf Wiedersehen zu sagen.

Aber er hätte nicht Basim sein dürfen, wenn nicht wieder alles ganz anders gekommen wäre. Er ging gerade über den Basar — vor Kummer nahm er kaum war, wo er sich befand —, als er plötzlich in eine Menschenmenge geriet, die sich um zwei Raufbolde scharte. Die beiden rangen miteinander, zogen sich an den Bärten und schlugen so wild aufeinander ein, daß sogar Blut floß; aber keiner der Zuschauer wagte einzugreifen.

Erst als der starke Basim auf dem Kampfplatz erschien und drohend seine Keule schwang, ließen die beiden voneinander ab.

In die Stille hinein, die plötzlich eingetreten war, ertönte die Stimme des Basaraufsehers: „Wir danken dir, Befehlshaber der Kalifenwachen, daß du die Ruhe wiederhergestellt hast. Nimm von mir als Ausdruck unseres Dankes und unserer Verehrung fünf Dirhame entgegen und führe die beiden Männer vor den Kalifen, auf daß er sie gebührend bestraft!"

‚Sieh da, die Stadt ist mir doch zugetan, wenn sie mich für den obersten Türhüter des Kalifen hält', sagte sich der Schmied. ‚Wenn mir das Glück die Hand reicht, darf ich sie nicht ausschlagen.' Und schon trieb er die beiden Raufbolde vor sich her zum Palast, um sie dem echten Befehlshaber der Wachen des Harun zu übergeben.

Der Riesenwuchs Basims und sein sicheres Auftreten bewirkten, daß ihn die übrigen Wachen sogleich als ihresgleichen aufnahmen, obwohl sie ihn zuvor nie gesehen hatten. Gewiß hat er Fürsprache bei unserem Herrn persönlich, meinten sie, und der Befehlshaber betraute ihn sogar mit den ehrenvollsten Aufgaben.

Sogleich sah Basim die Welt wieder rosig. Die Demütigung vom Morgen war längst vergessen, und er freute sich auf den Abend. Diesmal würde er die mißratenen Kaufleute aber bestimmt aus dem Haus prügeln!

Auch Harun ar-Raschid wartete ungeduldig, daß sich der Schatten der Nacht über Bagdad senkte und er sich an Ort und Stelle überzeugen konnte, ob dem eingebildeten Schmied endlich das Lachen vergangen war.

Der Wesir Dschafar und auch der schwarze Masrur aber rieten ab: „Wir sollten lieber nicht mehr zu dem Schmied gehen. Heute läuft der Becher seiner Geduld bestimmt über, nachdem man ihn so übel zugerichtet hat!"

„Wir werden fünf gebratene Hühner mitnehmen und ihn so umstimmen. Ich

finde einfach keine Ruhe, wenn ich ihn nicht endlich niedergeschlagen und mit knurrendem Magen sehe!" erklärte der Herrscher und duldete keinen Widerspruch.

Es wurde Nacht, und die drei falschen Kaufleute gingen wieder durch die Geheimpforte den bekannten Weg. Sie waren noch ein paar Ecken von ihrem Ziel entfernt, da hörten sie schon das vertraute Lied:

*„Wie du im Becher perlst,*
*du Wein von rotem Schein..."*

Sie schauten sich überrascht an.

„Er ist unverbesserlich", bemerkte Dschafar.

„Um so mehr begehre ich zu erfahren, was er heute wieder angestellt hat, um zu seinem Geld zu kommen", sagte der Kalif und beschleunigte seinen Schritt.

Sie hatten kaum angeklopft, da schrie Basim schon aus dem Fenster: „Kommt nur herauf und holt euch euren Lohn!" Und dabei schwang er drohend die Keule.

„Wir wollen das letzte Mal mit dir zusammensitzen", rief Harun hinauf. „Im Morgengrauen reisen wir ab und wollen dich deshalb heute bewirten."

Beim Anblick der gebratenen Hühner, deren Duft verlockend zu ihm aufstieg, konnte Basim nicht widerstehen.

„Also gut, so kommt schon, ihr Neider, Parasiten, Geizhälse und Nimmersatte. Aber keinen Bissen bekommt ihr von den Hühnern ab!" schimpfte er auf der Treppe vor sich hin. „Jetzt habe ich keine Angst mehr vor euch und euren bösen Prophezeiungen, denn jetzt diene ich dem höchsten Herrn!"

Der Kalif hielt vor Neugier den Atem an, als er aber erfuhr, wie sich Basim in die Reihen seiner Getreuesten eingeschlichen hatte, dachte er sich einen Plan aus und war damit derart beschäftigt, daß er gar nicht recht wahrnahm, was um ihn herum geschah.

Gleich am anderen Morgen trug er dem Befehlshaber seiner Wachen auf, vier seiner Männer zu ihm zu schicken, darunter auch den Schmied.

‚Was ist denn nun wieder los?' fragte sich Basim. ‚Sollte sich mir auch hier das Pech an die Fersen heften?'

Und dann sah alles noch viel schwärzer aus, als er es sich ausgemalt hatte.

„Meine getreuen Wachen", hob der Kalif zu sprechen an, wobei er ein Tuch vor sein Gesicht hielt, damit der Schmied ihn nicht erkannte. „Euch wird eine ehrenvolle Aufgabe zukommen, bei der ihr beweisen könnt, daß ihr eures Postens würdig seid. Ich werde euch nach Verdienst belohnen, wer sich aber nicht bewährt, verliert seinen Kopf!"

Dann ließ er vier Schurken hereinführen, vier Räuber und Mörder, die das Gericht zum Tode verurteilt hatte.

„Eure Aufgabe ist, den Verbrechern mit euren Säbeln die Köpfe abzuschlagen!"

Basim sah schon sein letztes Stündchen schlagen. Wie sollte er mit einem Stück Holz jemandem den Kopf vom Leib trennen?

Harun, Dschafar und Masrur konnten sich nur mühsam das Lachen verbeißen.

„Nun ist die Reihe an dir!" gebot der Kalif Basim, als die drei anderen ihren Auftrag ausgeführt hatten und die Leichname weggeschafft worden waren.

„O Fürst der Gläubigen!" rief da Basim und warf sich auf die Knie. „Mein Säbel ist ein wundersames Erbe meines Großvaters, der ihn wiederum von seinem Großvater geerbt hat. Er urteilt gerechter, als der menschliche Verstand es vermag. Wenn er den Hals eines Unschuldigen treffen soll, verwandelt er sich in stumpfes

Holz. Ist der Verurteilte aber wirklich schuldig, so tötet mein Säbel ihn mit einem Blitz, der aus ihm herausfährt."

„So beweise uns denn die Zauberkraft deiner Wunderwaffe!" verlangte der Kalif.

Basim zog den Säbel aus der Scheide und ließ ihn auf den Nacken des armen Sünders niedersausen.

„Er ist unschuldig, o Herr, du mußt diesen Mann freilassen!" rief er dann und wich wie vor Entsetzen zurück.

Da konnte Harun ar-Raschid sich nicht länger beherrschen. Er lachte und lachte, wie er schon seit Jahr und Tag nicht mehr gelacht hatte, und gab sich schließlich dem Schmied zu erkennen.

„Ich sehe, Basim, daß du tatsächlich nicht unterzukriegen bist. Es wird also das beste sein, wenn ich dich wirklich zum Befehlshaber meiner Wachen und gleichzeitig zu unserem Tischgenossen mache."

Und wie der Kalif gesagt, so geschah es dann auch.

# *Die Geschichte von dem Fakih, der nicht lesen konnte*

Es gibt alle möglichen und unmöglichen Gaukler und Schelme, und die größten von ihnen verlassen sich gar nicht so sehr auf den eigenen Witz und Verstand wie auf die Dummheit und Gutgläubigkeit der Leute.

Und daß Gutgläubigkeit und Vertrauensseligkeit viel tiefer eingewurzelt sind als die Bereitschaft, sich mit eigenen Augen zu überzeugen, davon spricht die folgende Geschichte.

Wie überall auf der Welt gab es auch im Land des Propheten Schuster, die nicht schusterten, Färber, die nicht färbten, Händler die keinen Handel trieben — kurz und gut, durchtriebene Gesellen, die lieber andere auszunehmen trachteten, als sich ehrlich zu ernähren.

Aber stellt euch vor, daß sich sogar ein Schulmeister fand, der weder schreiben noch lesen konnte und dennoch einträglich lebte.

Dieser Fakih kaufte sich nämlich einen riesigen Turban und eine Menge Schrift- und Zahlentafeln, die er so aufstellte, daß sie jedem gleich ins Auge fielen. Dann setzte er sich vor die Schultür und tat schrecklich gelehrt.

Die Leute, die vorüberkamen, sagten sich: ‚Das muß ein besonders guter Fakih sein, wenn er so viele Tafeln hat. Wir werden unsere Kinder bei ihm anmelden.'

So hatte er bald seine Schule voll, und der Unterricht konnte beginnen. Wie er das machte? Ganz einfach: Er verteilte die Tafeln an die Kinder und trug ihnen auf, sie abzuschreiben und selbst daraus vorzulesen.

Da kam nun zwar oft der größte Unsinn heraus, aber einige der Kinder hatten schon von ihren älteren Geschwistern oder von Schülern anderer Schulen so manches aufgefangen, und das brachten sie dann den übrigen bei.

Der Fakih saß indes vor der Tür und rauchte, und nur wenn es drinnen zu laut wurde, ging er hinein und schaffte mit dem Stock Ordnung. Und ob ihr's glaubt oder nicht, die Kinder machten Fortschritte zur Zufriedenheit ihrer Eltern, und von dem Fakih sagte man allgemein, daß er sehr gelehrt und weise sei.

Einmal aber geriet er doch in Schwierigkeiten.

Er saß wie üblich auf der Schwelle, als eine Bäuerin mit einem Brief in der Hand zu ihm trat.

„Mein Mann hat mir einen Brief geschickt, sei doch so gut und lies ihn mir vor", bat sie den Schulmeister und reichte ihm das Schreiben.

Was sollte er tun? Er wendete das Blatt Papier hin und her, runzelte die Stirn und murmelte etwas vor sich hin, aber so, daß kein Wort zu verstehen war.

„Es ist doch nichts Schlimmes?" fragte die Frau erschrocken, aber der Fakih blickte nur noch betrübter drein.

„Was ist los? Liegt er etwa im Sterben?" stieß die Frau unter Tränen hervor.

Der Fakih schaute sie ernst an, hob den Finger und nickte mit dem Kopf.

„Soll ich mein Kleid zerreißen und mein Gesicht wundschlagen?" jammerte die Frau.

„Das Schicksal will es so", sprach der Fakih, gab ihr den Brief zurück und stolzierte würdevoll ins Haus.

Die Frau warf sich auf die Erde, zerriß ihr Kleid und schlug sich die Fäuste ins Gesicht. Den ganzen Heimweg jammerte und wehklagte sie, so daß schließlich das ganze Dorf zusammenlief und fragte, was denn geschehen sei.

„Ach, mein armer Mann ist gestorben, hier steht es geschrieben“, schluchzte die Frau und ließ den Brief in der Runde herumgehen.

Da aber trat einer der Nachbarn zu ihr und sagte: „Weine nicht länger, dein Mann ist gesund wie ein Fisch im Wasser. Er teilt dir nur mit, daß er dir eine neue Decke schickt und darin noch allerlei andere Dinge, die er gekauft hat. Ich selbst war dabei, als er den Brief schrieb.“

„Was? Dann habe ich mir ja ganz unnötig mein schönes Kleid zerrissen!“ rief die Frau wütend, drehte sich auf der Stelle um und rannte wie eine Furie zur Schule zurück.

Den Fakih fand sie an seinem gewohnten Platz.

„Was hast du mir da für Unsinn eingeredet? In dem Brief steht doch, daß mein Mann mir eine neue Decke schickt und darin allerlei Geschenke!“ schimpfte sie und fuchtelte ihm mit dem Brief vor den Augen herum.

„Das habe ich ja auch vorgelesen; aber du wolltest mir ja unbedingt einreden, daß dein Mann tot sei. Und da eine Decke mit Sachen darin doch wirklich an einen Toten im Leichenhemd erinnert, hast du mich mit deinem Geschwätz ganz irr gemacht. Aber das war das letzte Mal, daß ich solchen Dummköpfen wie dir überhaupt einen Brief vorgelesen habe!“

Er tat über die Maßen beleidigt, so daß sich die arme Frau des langen und breiten bei ihm entschuldigte und schließlich froh war, als sich der Fakih wieder beruhigt hatte.

Und so mußten die Kinder in der Schule weiterhin allein lernen, und der Schulmeister konnte bis an sein Lebensende weder schreiben noch lesen.

# *Die Geschichte von der Schlangenkönigin*

In alten Zeiten lebte ein griechischer Gelehrter namens Daniel. Lange schon hatte er sich einen Sohn gewünscht, aber als es endlich soweit war und sein Wunsch in Erfüllung gehen sollte, da war seine Zeit um, und er mußte Abschied nehmen von dieser Welt, in der alles vergänglich ist.

Ehe er aber hinüberging in die Ewigkeit, rief er seine Frau zu sich und sprach zu ihr: „Ich gehe von dir, und ich weiß, daß, wenn ich nicht mehr bin, mein Sohn geboren wird, der dich eines Tages fragen wird, was für ein Erbe ihm sein Vater hinterlassen hat. So sage ihm denn, ich hinterlasse ihm im Leben die Möglichkeit, sich alles Wissen seiner Zeit anzueignen."

Bald nach dem Tode des Gelehrten kam sein Sohn Hasib zur Welt. Die Mutter wollte ihm die beste Erziehung angedeihen lassen und schickte ihn deshalb von fünf Jahren an auf die verschiedensten Schulen. Doch Hasib schien ganz und gar nicht seinem Vater nachzugeraten. In den Schulen lernte er nicht, und zum Handwerk zeigte er auch kein Geschick. Schließlich verheiratete die Mutter ihn, in der Hoffnung, daß ihn die Sorge um die Familie auf den rechten Weg bringen würde.

Leider blieb Hasib auch jetzt ein Nichtsnutz, und die Mutter wußte sich keinen Rat mehr mit ihm. Schließlich erboten sich Holzfäller aus der Nachbarschaft, ihn mit zur Waldarbeit zu nehmen.

Hasib half ihnen Holz schlagen und es auf die Esel laden, und die Holzhacker konnten sich nicht über ihn beklagen.

Eines Tages brach ein heftiger Regenschauer über sie herein, und sie flüchteten in eine große Höhle, um sich vor dem Unwetter zu schützen.

Hasib saß etwas abseits von den anderen in einer Ecke und begann aus lauter Langeweile mit der Axt auf den Boden zu schlagen. Da hörte er auf einmal unter der Axt einen hohlen Klang, der darauf schließen ließ, daß sich unter dieser Stelle ein Hohlraum befinden mußte.

Schnell legte er den Stein frei, wälzte ihn zur Seite und fand tatsächlich eine schwarze Öffnung, aus der ihm der süße Duft von Bienenhonig entgegenschlug. Er rief seine Gefährten herbei; einer von ihnen steckte seine Hand in die Öffnung, wo er etwas Klebriges spürte, und als er sie wieder herauszog, da stand fest, daß Hasib eine Zisterne mit Bienenhonig gefunden hatte.

Die Holzhacker wußten sich auch sogleich mit dem wertvollen Fund Rat. Sie eilten nach Hause, Krüge und alle möglichen Gefäße zu holen, und während Hasib bei der Zisterne zurückblieb, um sie zu bewachen, liefen sie zwischen der Höhle und der Stadt hin und her, wo sie den Honig auf dem Basar verkauften.

In wenigen Tagen waren sie reich geworden, doch mit dem Reichtum nahm auch die Habgier von ihnen Besitz. Je weniger Honig in der Zisterne war, um so mehr beschäftigte sie die Frage, welchen Anteil wohl Hasib von ihnen verlangen würde, denn er hatte ja eigentlich den größten Verdienst an dem Fund.

„Wir müssen uns seiner entledigen", meinte schließlich nach langem Hin und Her der älteste Holzhacker, und die anderen stimmten ihm zu.

Und bald hatten sie sich auch ausgedacht, wie sie es anfangen wollten: Sie ließen Hasib an einem Seil in die Zisterne hinab, den letzten Honig in die Gefäße zu schöpfen, und als er das getan hatte, warfen sie einfach das Seil zu ihm hinunter, deckten den Stein wieder über die Grube und eilten in die Stadt zurück, wo sie überall verbreiteten, Hasib hätten die wilden Wölfe zerrissen.

Während Hasibs Mutter ihren einzigen Sohn beweinte, saß der verzweifelt in der Zisterne und wußte nicht, wie er aus diesem Grab herauskommen sollte. Da fiel sein Blick auf eine Stelle, von der ein schmaler Lichtstrahl in die Dunkelheit zu fallen schien. Er trat näher, tastete die Wand der Zisterne ab, und an der helleren Stelle gab sie unter seinen Fingern etwas nach. Der Lichtstrahl wurde breiter, und Hasib erweiterte mit den bloßen Händen den Spalt, bis er sich hindurchzwängen konnte.

Er kam in einen langen Gang mit unzähligen Windungen und schließlich an ein schwarzes eisernes Tor, in dem ein goldener Schlüssel steckte. Den drehte er um, öffnete das Tor und trat hinaus, geblendet von einem grünen Schein, der von einem nahen See ausging.

Aber es war kein See. Statt Wasser glitzerten hier lauter Smaragden, und in der Mitte erhob sich wie eine Insel ein kleiner Hügel mit einem goldenen Thron, um den

im Kreis viele kleinere Stühle aufgestellt waren. Hasib begann die Stühle zu zählen, aber da er müde war, fielen ihm über dem Zählen die Augen zu, und er schlief ein.

Er wußte nicht, wie lange er geschlafen hatte, aber plötzlich wurde er munter von einem seltsamen Zischen wie von tausend Schlangen.

Und es waren wirklich Schlangen, nicht tausend, sondern zehntausend, wohin das Auge nur blickte. Sie wiegten ihre Schlangenleiber auf den Stühlen hin und her, die wie glühende Kohlen leuchtenden Augen starr auf ihn gerichtet.

Auf dem Thron aber saß eine Schlange mit einem lieblichen Mädchengesicht und sprach mit menschlicher Stimme zu ihm: „Fürchte dich nicht, Hasib, ich weiß, daß du mein Schicksal bist, und solange du hier weilst, darf dir niemand etwas zuleide tun. Ich bin die Schlangenkönigin und von der Vorsehung dazu bestimmt, dich die Weisheit zu lehren. Erst dann sollst du zu den Menschen zurückkehren..."

Hasib wußte noch immer nicht, ob er wachte oder träumte, aber als die Schlangenkönigin Obst und Nüsse auftragen ließ, faßte er Mut und berichtete ihr, was ihm bisher widerfahren war.

„Du kennst die Welt noch nicht", sagte die Schlangenkönigin, als er mit seiner Geschichte fertig war. „Doch nun ist die Reihe an mir, und ich werde erst dann einhalten in meinen Erzählungen, wenn du dich wieder auf die Erde zurücksehnst..."

Tage und Nächte vergingen, in denen Hasib alle Weisheit dieser Welt erfuhr. Und es dauerte ganze zwei Jahre, bis ihm wieder die Heimat einfiel. Doch von dem Tage an wurde dieser Gedanke in ihm immer übermächtiger, und schließlich vertraute er sich der Königin an.

„Ich wußte, daß es dich eines Tages zurückverlangen wird auf die Erde, und ich kann dich nicht daran hindern. Eines aber versprich mir, denn davon hängt mein Leben ab: Gehe nie in ein Bad, wo andere deinen bloßen Körper erblicken könnten...“

Hasib verstand zwar nicht, was dieser seltsame Wunsch zu bedeuten hatte, aber er versprach dennoch bereitwillig, ihre Bitte zu erfüllen.

Die Schlangenkönigin beschenkte ihn noch reich und führte ihn dann durch viele Gänge an die Oberwelt zurück. Ach, wie eilig hatte es Hasib, nach Hause zu kommen, und welche Freude herrschte dort, als die Mutter den Totgeglaubten in die Arme schloß.

Auch die ehemaligen Holzhacker, die nun geachtete Kaufleute waren, hatten längst ihre böse Tat bereut und waren froh, Hasib gesund wiederzusehen. Jeder von ihnen gab ihm die Hälfte seines Besitzes ab, und so war er mit einem Schlag ein gemachter Mann. Und jetzt erkannten die Nachbarn in ihm auch den wahren Sohn des Gelehrten Daniel — er verstand sich über die gelehrtesten Dinge auszulassen, und es gab keinen wissenschaftlichen Disput, aus dem er nicht als Sieger hervorgegangen wäre.

Deshalb wurde er immer öfter in den Palast des Sultans eingeladen. Auch hier bewunderten alle seine Gelehrsamkeit; nur der Wesir Schumhur beneidete ihn um die Achtung, die er bei Hofe genoß.

Da geschah es, daß der Sultan Karasdan an einem unheilbaren Aussatz erkrankte und niemand ihm helfen konnte, auch Hasib nicht.

Gerade in jenen Tagen lud der Wesir Schumhur Hasib ins Bad ein und ließ keine Ausrede gelten. Kaum aber hatte er Hasibs bloßen Körper gesehen, rief er zwanzig Wachen herbei, die sollten Hasib ergreifen.

„Willst du noch immer behaupten, kein Mittel gegen die Krankheit des Sultans zu wissen?“ fuhr er Hasib drohend an. „Sieh nur deinen Bauch an, er ist schwarz! Nur wer bei der Schlangenkönigin war, hat einen schwarzen Bauch...“

„Was hat das mit der Krankheit des Sultans zu tun?“ fragte Hasib empört, doch der Wesir wußte auch darauf eine Antwort.

„Ich weiß, daß du nicht alle Weisheit der Bücher kennst, denn dort steht geschrieben, daß das einzige Mittel gegen den Aussatz das gebratene Fleisch der Schlangenkönigin ist. Und weil nur du den Weg zu ihr kennst, wirst du uns zu ihrem Versteck führen, wenn dir dein Leben lieb ist!“

Hasib blieb nichts anderes übrig, als den Wesir und dessen Gefolge in die Höhle zu führen. Den Weg in das unterirdische Schlangenreich brauchte er aber nicht zu suchen, denn die Schlangenkönigin erwartete sie schon.

„Ich weiß, was dich herführt, Hasib", sprach sie zur Begrüßung. „Und ich weiß auch, daß ich durch deine Hand sterben muß, obwohl ich es zu verhindern suchte. Fürchte nichts, und trage mich getrost in den Sultanspalast."

Vor den Augen der staunenden Soldaten nahm Hasib die Schlangenkönigin auf den Arm und trug sie davon.

Im Palast angekommen, eilte der Wesir sogleich, dem Sultan die Freudenbotschaft zu überbringen, und Hasib blieb für einen Augenblick mit der Schlangenkönigin allein. „Merke dir gut meine letzten Worte, Hasib, denn der Wesir Schumhur trachtet dir nach dem Leben", flüsterte ihm da die Schlangenkönigin zu. „Der Wesir wird mich töten, meinen Leib in Stücke schneiden und in einem Kessel kochen. Dann wird er dir auftragen, den Schaum, der sich auf dem Wasser bildet, in ein Fläschchen zu füllen. Befolge seine Anordnung, aber merke dir gut, wo du die Flasche aufbewahrst, denn bald darauf wird zum zweiten Male Schaum aufsteigen, und der Wesir wird ihn dich in eine zweite Flasche füllen lassen, die der ersten aufs Haar gleicht. Hüte dich, von diesem zweiten Schaum zu trinken..."

Mehr konnte ihm die Schlangenkönigin nicht verraten, denn in diesem Augenblick war der Wesir mit einem großen Messer zurück. Ihre Worte aber sollten sich bis zum letzten Buchstaben erfüllen.

Als das Schlangenfleisch dem kranken König vorgesetzt werden sollte, forderte der Wesir Hasib auf: „Jetzt gib mir die erste Flasche mit dem Schaum, selbst aber nimm die zweite, auf daß wir sie austrinken; denn so werden wir zu den weisesten aller Weisen..."

Hasib aber gedachte der letzten Worte der unglücklichen Schlangenkönigin und vertauschte die Fläschchen. Der Wesir trank also von dem zweiten Schaum, und schon nach dem ersten Schluck verdrehte er die Augen und fiel leblos um — der Tod, den er dem anderen zugedacht, hatte gerechterweise ihn selbst ereilt.

So bewahrheitete sich an ihm das Sprichwort, daß, wer anderen eine Grube gräbt, selbst hineinfällt.

Sultan Karasdan aber ging es nach dem Genuß des Schlangenfleisches von Tag zu Tag besser, und als er endgültig genesen war, ernannte er Hasib zu seinem ersten Wesir. Und er tat gut daran, denn Hasib hatte mit dem Schaum aus dem ersten Fläschchen alle Weisheit der Welt in sich aufgenommen.

# *Die Geschichte von dem Goldschmied Hasan*

In alten Zeiten und in längst entschwundener Vergangenheit lebte einst in der Stadt Basra ein junger Goldschmied namens Hasan, und wenn sein bescheidener Laden auch nicht viel abwarf, so war er doch unter den Menschen beliebt ob seines hübschen Aussehens und seines heiteren Wesens.

Eines Tages trat nach dem Nachmittagsgebet ein Fremder in den Laden, der

Kleidung und dem hohen roten Turban nach zu schließen, ein Perser. Und obwohl Hasan den Mann zum ersten Mal sah, sprach dieser mit honigsüßen Worten zu ihm, er habe ihn liebgewonnen wie einen leiblichen Sohn und wolle ihm zum Beweis seines Vertrauens ein Zauberrezept verraten, wie man aus einfachem Kupfer Gold machen könne.

Hasan schien das alles etwas merkwürdig, aber der Fremde versicherte: „Überzeuge dich selbst. Bring ein Stück Kupfer zum Schmelzen, und du wirst sehen, daß ich wahr gesprochen habe!"

Hasan gehorchte. Er warf ein paar Scherben einer Kupferschüssel in den Tiegel und fachte die Glut mit dem Blasebalg an, bis das Kupfer schmolz. Da zog der Perser aus seinem Turban einen kleinen Beutel und streute daraus eine Prise gelbes Pulver in die Kupferschmelze. Roter Rauch stieg auf, und der Fremde erklärte: „Wenn der Rauch sich verzogen hat, wirst du dich überzeugen können, daß ich es ehrlich mit dir meine."

Und wirklich — im Tiegel glänzte ein Barren Gold! Hasan stotterte verwirrt Dankesworte hervor, aber der Perser unterbrach ihn: „Du siehst, daß ich es gut mit dir meine. Aber ein einziger Barren ist viel zu wenig, um reich zu werden. Deshalb müssen wir ausreichend von dem gelben Zauberpulver beschaffen. Ich kenne das Geheimnis seiner Zubereitung. Es wird aus einer Pflanze gewonnen, die auf dem Berg der Wolken wächst. Wenn du willst, werden wir uns gemeinsam dorthin aufmachen."

Wie hätte Hasan abschlagen sollen. Er hatte das verlockende Trugbild des Reichtums geschaut und erwiderte deshalb ohne Zögern: „Von mir aus sofort, Onkel. Ich weiß zwar nicht, wo jener Berg liegt, aber sicher kennst du den Weg."

„Der Berg der Wolken erhebt sich auf einer fernen Insel im Meer", flüsterte der Perser, als fürchte er, daß jemand ihn belauschen könne. „Ich habe ein Schiff im Hafen liegen, und wir können noch heute in See stechen. Es ist gerade die Zeit, da die Zauberpflanzen blühen..."

Da schloß der Goldschmied schnell seinen Laden ab, und noch ehe die ersten Sterne am Himmel aufleuchteten, schwammen sie auf dem offenen Meer...

Sie segelten einen Tag, einen zweiten und einen dritten. Viele Male tauchte die Sonne ins Meer, ehe endlich eines Morgens das Schiff seine Fahrt beschleunigte und der Horizont vor ihnen von bizarren schwarzen Wolken durchfurcht wurde.

„Wir nähern uns unserem Ziel", sagte der Perser. Und wirklich: Aus dem Meer tauchte ein schwarzer Punkt, und als sie näherkamen, sahen sie, daß es ein Berg war, der direkt aus dem Wasser wuchs und dessen Gipfel sich in den Wolken verlor — der Berg der Wolken.

Sie legten am Ufer an.

„Aber wie sollen wir je dort hinaufgelangen?“ fragte Hasan, als er die schroffen, unzugänglichen Berghänge sah, die steil nach oben führten.

„Auch daran habe ich gedacht“, versicherte der Perser, zog eine goldene Trommel mit goldenen Trommelstäben hervor und trommelte. Da erschienen vor ihnen, wie aus der Erde gewachsen, drei Kamele. Der Perser zog sein Messer aus dem Gürtel und tötete die Tiere eines nach dem anderen. Dann zog er dem einen die Haut ab und nähte diese wieder zusammen, nur eine kleine Öffnung am Bauch freilassend.

„Hör gut zu“, wandte er sich dann an Hasan. „Du kriechst in die Haut und rührst dich nicht, bis die Geier vom Berg herabgeflogen kommen. Sie werden dich in ihren Klauen auf den Gipfel tragen. Sobald sie wieder wegfliegen, kriechst du heraus, pflückst die Zauberpflanzen und wirfst sie zu mir herab.“

„Und wie gelange ich wieder zurück?“ wollte der Jüngling wissen.

„Das laß nur meine Sorge sein! Aber nun versteck dich schnell, und vergiß nicht: Du darfst nur die Pflanzen nehmen, die blühen!“

Hasan schlüpfte also in die Kamelhaut, und es war höchste Zeit: Aus den Wolken über ihnen klang schon lautes Gekrächze, und gleich darauf stießen drei riesige Geier herab. Jeder von ihnen hob mit seinen scharfen Krallen ein Kamel auf und trug es davon. Der Perser mit dem roten Turban verfolgte aufmerksam ihren Flug und lächelte zufrieden...

Als Hasan wieder festen Boden unter den Füßen spürte, steckte er vorsichtig den Kopf aus der Kamelhaut: Die Geier waren wieder weggeflogen, und so kroch er heraus.

Er war auf dem Gipfel des Berges. Überall wuchsen Pflanzen mit goldenen Blüten, zwischen denen ausgebleichte Menschenknochen herumlagen. Hasan aber bemerkte sie kaum, er hatte nur Augen für die Blumen und pflückte eine nach der anderen, bis er auch die letzte gepflückt hatte. Dann trat er zu dem steilen Abhang und rief hinunter: „Hallo, Onkel, was soll ich jetzt tun?“

„Binde die Pflanzen zusammen und wirf sie herunter!“

Hasan band also die Pflanzen zu einem riesigen Strauß und warf ihn hinab.

„Und was jetzt, Onkel? Wie komme ich wieder zu dir hinunter?“ rief er dann.

„Du Esel! Nie mehr wirst du herunterkommen! Ich lasse dich dort oben, auf daß dich die Geier zerreißen und deine Gebeine in der Sonne bleichen wie die deiner Vorgänger!“ schallte es höhnisch von unten herauf.

„Aber du hast mir doch Freundschaft geschworen! Du darfst mich nicht verlassen!“ entsetzte sich Hasan.

„Was soll ich mit deiner Freundschaft anfangen? Ich bin Bahram, der Feueranbeter und größte Feind aller Moslems. Glaubst du etwa, ich hätte dir mein

Geheimnis anvertraut, wenn ich mir allein die Zauberpflanzen verschaffen könnte? Im Namen des Feuers gebe ich dich und dein ganzes Geschlecht dem Verderben preis!" rief der Perser voller Haß. Dann sammelte er den Strauß Zauberpflanzen auf und fuhr davon.

Hasan erstarrte vor Grauen. So war das also! Dafür, daß er Bahram geholfen hatte, sollte er nun den wilden Raubvögeln zum Opfer fallen... Ehe er auf ein solch grausiges Ende wartete, wollte er lieber in die tosenden Fluten springen. In tiefster Verzweiflung sprach er sich selbst das Todesgebet, die Verse aus dem Koran — denn nur der Wille des Allmächtigen lenkt unser Schicksal —, und stürzte sich vom Gipfel des Berges der Wolken hinab ins stürmische Meer.

Die Sinne schwanden ihm, und als er wieder zu sich kam, da hatten ihn die Wellen auf die unterste Stufe einer Treppe getragen. Und diese Treppe führte zu einem Schloß aus purem Gold.

Geblendet von dem überirdischen Glanz des Bauwerks mußte er die Augen schließen, dann aber ging er mutig weiter. Er trat durch das Tor und sah dort auf einer Terasse zwei Jungfrauen von unbeschreiblicher Schönheit an einem Schachbrett sitzen. Als er den Schritt verhielt und bescheiden mit gesenktem Kopf stehenblieb, sprach die jüngere der beiden ihn freundlich an: „Tritt näher, Hasan, und berichte uns, wie du Bahrams Nachstellungen entkommen bist."

Verwundert, daß sie seinen Namen kannten, erzählte Hasan ihnen seine Geschichte.

„Ach, dieser elende Schurke!" rief die ältere Jungfrau, als er geendet hatte. „Seit wir denken können, leben wir in dem Palast auf dieser Seite des Berges der Wolken und wissen doch nicht, was hinter unserem Rücken geschicht. Unser Vater ist nämlich der König der Dschann und hat seinerzeit mir und meinen Schwestern diesen Palast als Wohnstätte geschenkt, weil er diesen Ort für den sichersten der Welt hielt. Wir wissen, daß Bahram einmal im Jahr hier in Begleitung eines jungen Mannes auftaucht, aber wir ahnten nicht, was für ein schreckliches Ende sie alle nahmen. Jetzt aber werden wir den Verruchten mit deiner Hilfe, Hasan, der gerechten Strafe zuführen!"

„Bis dahin aber mußt du uns Gesellschaft leisten", erklärte die jüngere Jungfrau fröhlich, und der Goldschmied stimmte mit Freuden zu.

So erfuhr Hasan, daß in dem Palast die sechs Töchter des Königs der Dschann lebten und sich täglich in der Jagd und im Kochen abwechselten. Sie wiesen ihm ein Zimmer an, das sich in nichts von den ihren unterschied, und behandelten ihn die ganze Zeit über wie ihren leiblichen Bruder, so daß er seine Heimat nicht im geringsten vermißte.

Die Zeit verging ihm wie im Fluge, und ehe er sich's versah, war ein Jahr

vergangen. Am Morgen des Tages, da Bahrams Schiff wieder am Berg der Wolken anlegen sollte, sprach die älteste Prinzessin zu Hasan: „Der Tag der Vergeltung ist gekommen, mache dich bereit!"

Auf einen Wink von ihr führten die Diener ein Pferd herbei und brachten eine Rüstung und ein Schwert. Dann zogen alle zum Tor hinaus.

Das Schiff lag schon vor Anker, und gerade, als Hasan mit seinem Pferd herangebraust kam, zwang Bahram einen fremden Jüngling in die Kamelhaut zu kriechen...

„Halte ein, wenn dir dein Leben lieb ist!" rief Hasan ihm zu.

Bahram erstarrte vor Schreck, aber da stand der junge Goldschmied bereits vor ihm.

„Ich sehe, daß du nicht aufhörst, junge Männer ins Verderben zu führen, und werde für immer deinem schmutzigen Treiben ein Ende machen!" rief er und hieb dem Verruchten den Kopf ab.

Dann nahm Hasan die goldene Trommel und die goldenen Trommelstäbe und gebot dem fremden Jüngling, der ihn verstört anstarrte: „Begib dich zurück auf das Schiff und fahre nach Hause, denn hier wartete deiner das Verderben!"

Das Schiff verschwand am Horizont, und Hasan kehrte mit den Prinzessinnen in das goldene Schloß zurück und lebte dort lange Zeit mit ihnen in Freude und Vergnügen wie ein Bruder mit seinen lieben Schwestern.

Doch es stand geschrieben im Buche des Schicksals, daß ein Tag kommen sollte, der Hasans Leben von Grund auf verändern würde. Es geschah nämlich, daß der König der Dschann und Marids die Prinzessinnen, seine Töchter, zur Hochzeit eines seiner königlichen Verwandten einlud. Die Jungfrauen wären Hasan zuliebe lieber in ihrem goldenen Palast geblieben, aber des Vaters Wunsch war für sie Befehl. Und so

trösteten sie den Bruder, er solle sich unterdes die Zeit mit Jagd und Lesen vertreiben.

Die älteste Prinzessin gab ihm sogar die Schlüssel zu allen Zimmern, zu einem davon aber bemerkte sie: „Dieser Schlüssel gehört zu einer Tür, die dir verboten ist; hüte dich, sie zu öffnen, wenn du dir den Frieden deines Herzens bewahren willst..."

Betrübt von der Aussicht, so lange von seinen Lieben getrennt zu sein, fiel ihm gar nicht ein, weiter nach dem geheimnisvollen Schlüssel zu fragen. Er verabschiedete sich von den Prinzessinnen und blieb allein im Palast zurück.

Die ersten Tage verbrachte er mit Jagd und Lesen. Dann aber irrte er von Tag zu Tag länger durch die leeren Gänge und prunkvollen Säle, bis er einmal zu einer versteckten Nische kam und dort auf eine verschlossene Tür stieß. Sein Herz klopfte aufgeregt als er merkte, daß es eben jene Tür war, in deren Schloß der verbotene Schlüssel paßte. Noch zögerte er, dann aber siegte die Neugier: Er schloß die Tür auf und trat ein.

Statt eines Zimmers sah er vor sich Stufen, die mit kostbaren Teppichen bedeckt waren, und Wände, ausgelegt mit Edelsteinen. Er ging weiter, schritt durch Gänge und Säle und kam schließlich zu einem grünlich leuchtenden See, der eingebettet lag in duftende Blüten, schimmernde Perlen und kunstvoll geschmiedete Zweige aus purem Gold.

Beim Anblick solcher Schätze, wie sie selbst der Mächtigste der Mächtigen nicht sein eigen nannte, blieb Hasan überrascht stehen.

Und er hatte seinen Schritt gerade rechtzeitig verhalten, denn im gleichen Augenblick erklang über ihm Flügelrauschen, und auf das Wasser ließ sich ein großer weißer Vogel nieder und schaute sich vorsichtig nach allen Seiten um, ohne aber zum Glück den Eindringling zu bemerken.

Da riß sich der Vogel mit dem Schnabel die Haut auf, und heraus schlüpfte eine Jungfrau, so wunderschön, daß Sonne und Mond neben ihr erblaßten. Ihr Mund glich dem Ring des Sulaiman, ihre Augen leuchteten tiefer als die der Gazellen, ihr Haar glänzte schwärzer als die schwärzeste Nacht, und wenn sie lachte, blitzten ihre Zähne wie eine Perlenschnur aus Sternen...

Hasan starrte wie verzaubert auf die herrliche Erscheinung, und sein Herz wurde von unsagbarer Liebe ergriffen. Nun begriff er wohl, warum ihm die Prinzessinnen verboten hatten, hier einzutreten.

Gewaltsam riß er schließlich den Blick los und zwang sich zur Rückkehr. Niemand sollte von seinem Geheimnis erfahren!

Er hatte kaum die Tür wieder hinter sich verschlossen, da hörte er in dem Palast Lärm und das Echo vertrauter Stimmen. Die Prinzessinnen waren zurückgekehrt und riefen nach ihm.

Hasan verstellte sich so gut er konnte. Er hörte lächelnd dem Geplauder der Schwestern zu, unterhielt sich mit ihnen, als sei nichts geschehen, doch sein früherer Frohsinn war wie weggeblasen. Nach ein paar Tagen warf ihn die Sehnsucht nach der schönen Fremden aufs Krankenlager, und er wäre vielleicht sogar vor Herzeleid gestorben, wäre nicht die jüngste Prinzessin gewesen, der er von allen sechs am meisten zugetan war. Das Mädchen saß unermüdlich an seinem Lager und pflegte ihn so aufopferungsvoll, daß er sich ihr in einer schwachen Minute anvertraute.

„Ach, du Unglückseliger!“ rief sie, als sie alles erfahren hatte. „Wisse, das war unsere schönste Schwester Manarassana, die kein menschliches Auge je erblicken darf! Deshalb dürfen auch wir kein Wort mit ihr sprechen — nur mit Erlaubnis unseres Vaters, des Königs der Dschann. Wenn dir dein Leben lieb ist, vergiß, was du gesehen!“

„Ach nein, Prinzessin, mir kann nichts mehr helfen. Entweder gewinne ich Manarassana zur Frau, oder ich sterbe vor Sehnsucht nach ihr“, erwiderte Hasan mit Tränen in den Augen.

Was sollte die Prinzessin tun? Vergebens waren alle ihre Versuche, ihn aufzuheitern; er siechte dahin und vertrocknete vor ihren Augen wie ein grünender Zweig in der Glut der Wüstensonne. Deshalb beschlossen die Schwestern, auf Anraten der Jüngsten, dem Jüngling doch zu helfen.

Sie versammelten sich an seinem Lager und verkündeten ihm: „Wir können nicht zulassen, daß unser Bruder stirbt, auch wenn uns dafür härteste Strafe treffen wird und wir dich nie wiedersehen. Höre, Hasan: Wenn du morgen zu dem See kommst und Manarassana ihr Gefieder abwirft, so packe sie fest an der Hand und lasse nicht zu, daß sie ihr Vogelkleid auch nur anrührt; denn sonst ist sie wieder in der Gewalt des Königs der Dschann und ist dir für immer verloren!“

Nach diesen Worten lebte Hasan auf. Er sprang auf und lief, von neuer Hoffnung erfüllt, zu jener Tür...

Bald darauf kehrte er zu den Schwestern zurück — Hand in Hand mit der lächelnden Manarassana, in deren Augen zu lesen war, daß auch sie sich unsterblich in den hübschen Jüngling verliebt hatte.

Am nächsten Tag schon klang der Palast wider von Gesang und Jubel zu Ehren des jungen Paares. Hasan kam sich vor wie im Traum: Eine solche Hochzeitsfeier hatte selbst der Hof des Sultans noch nicht gesehen.

Vierzig Tage und vierzig Nächte dauerte das Fest, und dann war für den

Goldschmied und seine junge Frau die Stunde des Abschieds vom Berge der Wolken gekommen. Noch länger hier zu verweilen, wäre gefährlich gewesen — jeden Tag konnte der König der Dschann hier auftauchen.

Die Prinzessinnen füllten Truhen mit Geschenken aus Gold und Edelsteinen, dann trommelte Hasan auf der goldenen Trommel und rief so drei Kamele herbei. Auf das erste hob er seine schöne Gemahlin, auf das zweite stieg er selbst, und das dritte beluden sie mit den Truhen. Sie wollten gerade aufbrechen, als die jüngste Schwester Hasan heimlich einen versiegelten Sack reichte und leise sprach: „Hier ist Manarassanas Vogelkleid. Es ist unverwüstlich, und deshalb dürfen wir es nicht hier behalten, denn unser Vater könnte es finden. Nimm es zu dir, aber verstecke es gut — deine Frau darf nichts davon wissen!"

Schweren Herzens nahmen die Prinzessinnen Abschied von Hassan, hatten sie ihn doch liebgewonnen wie einen Bruder. Als er nun davonritt mit Manarassana, weinten alle sechs, am meisten aber die jüngste.

Endlich langte das junge Paar in der Heimat an, wo Hasan wieder seine Goldschmiede betrieb. Allerdings war es nun nicht mehr ein ärmlicher Laden, sondern eine große Werkstatt, die bald weithin berühmt wurde. Reiche Emire, Kaufleute und Wesire zählten zu ihren Kunden, und selbst der Sultan persönlich ließ so manches Schmuckstück bei dem Goldschmied Hasan anfertigen.

Auch das häusliche Leben mit Manarassana verlief zu beider Zufriedenheit, und so schien nichts das junge Glück gefährden zu können. Doch gerade, als niemand mehr an etwas Böses dachte, geschah es:

Der Goldschmied mußte für ein paar Tage geschäftlich verreisen, und Manarassana blieb allein zu Hause zurück. Aus Langeweile und Neugier strich sie durch alle Räume und kam so auch in die Kammer, wo Hasan den versiegelten Sack mit dem Federkleid aufbewahrte. Sie entdeckte den Sack und brach neugierig das Siegel auf; und als sie sah, was darin war, überkam sie unwiderstehlich der Wunsch, sich wie einst in den weißen Vogel zu verwandeln. Zwar riet ihr eine innere Stimme ab, aber sie sagte sich: ‚Ich will es ja nur einmal ausprobieren und dann das Gefieder in den Sack zurückpacken; niemand wird etwas merken!'

Wie gesagt, so getan.

Kaum aber hatte sie die Gestalt des weißen Vogels angenommen, da zog eine unheimliche Kraft sie zum offenen Fenster hin, die Flügel breiteten sich von ganz allein aus, und Manarassana schwebte im Nu über dem Haus. Zu spät kam die Erkenntnis, daß sie wieder in der Gewalt des Königs der Dschann war, der ihr befahl, zu seinem Palast zu fliegen, weit, weit, bis auf die Insel Wak.

In dem Augenblick kehrte Hasan heim. Er hörte über sich die Klagerufe seiner Frau und schaute verwundert nach oben. Ein weißer Vogel stieg höher und höher, und von fern klangen seine letzten Worte: „Du findest mich auf der Insel Wak! Auf der Insel Wak!"

Dann war nur noch ein weißer Punkt am Himmel zu sehen, und auch der verschwand bald.

Hasan erriet, was in seiner Abwesenheit geschehen war, und begann bitterlich zu weinen bei dem Gedanken, daß er seine geliebte Frau nie wiedersehen sollte.

‚Vielleicht können mir die Schwestern auf dem Berg der Wolken helfen', fiel ihm schließlich ein, und nichts konnte ihn mehr zurückhalten. Er verschloß seine Werkstatt, schlug die goldene Trommel, und bald schon ritten drei Kamele durch die Wüste wie Schatten dem Strahl der Sonne folgend.

Die Prinzessinnen hatten Hasan schon von weitem entdeckt und eilten die Treppe hinab, ihn zu begrüßen.

„Was führt dich zu uns, Brüderchen?" fragte die Jüngste. „Du weißt doch, daß seit jener Stunde, da du Manarassana als deine Frau heimgeführt, der König der Dschann dein ärgster Feind ist und dieser Ort nur Gefahren für dich birgt."

„Euer Vater hat bereits zurück, was er wollte", seufzte Hasan und berichtete, was sich zugetragen hatte. „Ich bin gekommen, euch um Hilfe zu bitten. Sagt mir, wo finde ich die Insel Wak, und wie gelange ich dorthin."

Die Prinzessinnen schwiegen betroffen.

„Der Weg auf die Insel Wak dauert sieben Menschenleben, und auch deine Kamele können ihn nicht abkürzen", sagte schließlich die älteste Schwester.

„Weil auf diesem Weg sieben mal sieben Todesgefahren lauern, denen kein Sterblicher entkommen kann", fügte die mittlere hinzu.

„Nur der, der im Besitz der Zauberkappe und des Zauberstöckchens ist", unterbrach die jüngste Prinzessin ihre Schwester. „Gegen diese beiden Dinge ist nämlich sogar der König der Dschann machtlos. Aber wir wissen nur, daß sie einem bösen Zauberer gehören, der sie in irgendeiner Grotte versteckt hat..."

„So werde ich denn Kappe und Stöckchen erringen und Manarassana befreien. Wo finde ich den Zauberer?" fragte Hasan, aber die Antwort, die er erhielt, konnte ihm kaum weiterhelfen:

„Wir wissen es nicht, Brüderchen, denn wenn er sich die Zauberkappe aufsetzt, ist er unsichtbar, und mit Hilfe des Zauberstöckchens kann er sich an jeden Ort der Welt versetzen..."

„Ich werde diesen Zauberer suchen, und wenn ich darüber alt und grau werden sollte", erklärte Hasan entschlossen.

Und dabei blieb er auch. Der Goldschmied verabschiedete sich von den Schwestern, und die Kamele liefen wieder über Berg und Tal. Viele Tage und viele

Nächte waren schon vergangen, als Hasan auf eine kleine Insel mitten im weiten Ozean gelangte. Keine Menschenseele schien hier zu leben, aber dann entdeckte er am Fuße eines Felsens den Eingang zu einer Höhle. Er trat näher und vernahm aus der Höhle erregte Knabenstimmen:

„Mir gehört die Kappe und dir das Stöckchen!"

„Nein, ich will die Kappe! Komm mit vor die Höhle, wir werden darum kämpfen!"

Ehe sich's Hasan versah, kamen aus der Höhle zwei Knaben gelaufen mit der Tarnkappe und dem Zauberstöckchen, die er so lange gesucht hatte.

„Onkel, entscheide du unseren Streit", bat der größere der beiden. „Unser Vater war ein mächtiger Zauberer und hat uns, als er vor kurzem starb, diese Kappe und dieses Stöckchen hinterlassen. Und nun können wir uns nicht einig werden, wem was zufallen soll."

„Also gut, ich will euch helfen", erklärte Hasan bereitwillig. „Sucht zwei gleichgroße Steine, und wer von euch seinen Stein am weitesten wirft, der bekommt die Kappe. Bis zum Ende des Wettkampfes gebt mir beide Dinge zur Aufbewahrung, damit kein neuer Streit entsteht."

„Ja, das ist gerecht", stimmten die Knaben zu und liefen zum Strand, Steine zu suchen.

Da setzte sich Hasan schnell die Tarnkappe auf und befahl dem Stöckchen: „Trage mich auf die Insel Wak!"

Unter lautem Donnergetöse kamen pechschwarze Ifriten geflogen, hoben den Goldschmied an Armen und Beinen auf und flogen mit ihm wie der Sturmwind hin zur Insel des Königs der Dschann, zwei nichts verstehende Zauberersöhne am Strand zurücklassend.

Hasan wagte nicht, nach unten zu schauen. Erst als sich der Flug verlangsamte und er bald danach festen Boden unter den Füßen fühlte, blickte er sich neugierig um: Er war auf der Insel Wak. Überall spazierten Dschinn, Ifriten und Marids umher, aber keiner von ihnen schien den Eindringling aus der Menschenwelt zu bemerken.

‚Ein Glück, daß ich die Tarnkappe aufhabe', sagte sich Hasan und machte sich ungesehen auf die Suche nach Manarassana.

Er durchstreifte die ganze Insel, durchsuchte jede Hütte, den Basar und die Soldatenlager, bis schließlich nur noch der Königspalast übrigblieb. Erst vor dem eisernen Tor zum unterirdischen Kerker winkte ihm das Glück: Er hörte mit an, wie sich zwei Wachen unterhielten, und aus dem Gespräch erfuhr er, daß der Dschannkönig die Prinzessin Manarassana im tiefsten Verließ gefangen hielt, wohin ohne seine Erlaubnis niemand gelangen konnte.

Am liebsten wäre Hasan sofort zu seiner geliebten Gemahlin geeilt, doch dann kam er doch zu dem Entschluß, lieber die Nacht abzuwarten, wenn alles in tiefem Schlaf lag und niemand ihre Flucht bemerken würde.

Er wappnete sich mit Geduld und wartete. Endlich hüllte sich die Nacht in schwärzeste Dunkelheit. Hasan schlich sich unter dem Schutz der Tarnkappe unbemerkt zwischen den Wachen hindurch und stieg die steilen Stufen zu den unterirdischen Verließen hinab, von wo ihm eine beklemmende Kühle entgegenwehte. Lange mußte er suchen, bis er endlich hinter der letzten Tür die schlafende Prinzessin fand. Sein Herz tat einen Freudensprung! Er zog die Tarnkappe vom Kopf und streichelte die zarten Wangen der Schläferin.

„Hasan!" rief die Prinzessin und fiel vor lauter Freude in Ohnmacht. Der Goldschmied überlegte nicht lange, sondern befahl dem Stöckchen: „Trage uns sofort auf den Berg der Wolken!"

Und auch diesmal versagte das Stöckchen nicht. Wie der Sturmwind kam eine ganze Horde Ifriten geflogen und trug die beiden Liebenden davon durch die erblassende Nacht.

Unterwegs schaute Hasan sich beunruhigt um, und was er gefürchtet hatte, das war eingetreten: Der König der Dschann war ihnen dicht auf den Fersen in seinem goldenen Wagen, der von Marids gezogen wurde. Schon konnte er sein Gesicht ausmachen, das nichts Gutes verhieß.

„Schicke einen Nebel über unsere Verfolger!" befahl Hasan dem Stöckchen, und sogleich hüllte dichter Nebel alles hinter ihnen ein.

Wieder wechselten unter ihnen Meer und Festland einander ab. Manarassana erwachte und preßte sich fest an Hasan, aber noch ehe sie etwas sagen konnte, donnerte es hinter ihnen: „Ihr entkommt mir nicht! Ich bekomme euch doch!"

Der König der Dschann war wieder dicht hinter ihnen.

„Laß auf die Verfolger einen Regenguß niedergehen!“ rief Hasan, und eine Wasserflut hielt den goldenen Wagen auf.

Am Horizont vor ihnen tauchte langsam der Umriß des Berges der Wolken auf. Schon strahlte die Sonne heller als der goldene Palast. Aber der König der Dschann war ihnen schon wieder dicht auf den Fersen.

„Jetzt habe ich dich!“ schrie er und stand in seinem Wagen, das Schwert zum schrecklichen Streich gezückt.

Da aber rief Hasan geistesgegenwärtig: „Blitz und Donner!“

Ein feuriger Pfeil zerteilte den Himmel, und der goldene Wagen barst mit ohrenbetäubendem Donnern in tausend Stücke.

Hasan und Manarassana standen auf dem Vorhof des goldenen Palastes, und die sechs Schwestern eilten zu ihrer Begrüßung herbei. Aber noch ehe sie sich umarmen konnten, war auch ihr Vater zur Stelle, der König der Dschann; sein Turban reichte bis zum höchsten Turm und sein Bart bis zur Erde.

„Weißt du nicht, daß du dem König der Dschann nie entkommst und auch meiner Strafe nicht, wer immer du auch bist?“ rief er höhnisch.

„Ich fürchte dich nicht, denn das Recht ist auf meiner Seite“, erwiderte Hasan. „Auch ich verfüge über Zauberkräfte — mit Hilfe der Tarnkappe und des Zauberstöckchens kann ich jederzeit vor dir fliehen, und du wirst mich nie in deine Gewalt bringen. Aber teurer als mein Leben ist mir die Liebe deiner Tochter Manarassana, meiner mir rechtmäßig angetrauten Ehefrau. Höre, o mächtigster aller Könige: Ich will dir gern Tarnkappe und Zauberstock geben, wenn ich damit dein Herz erweichen kann.“

Der Zorn des Alten schien zu weichen.

„Wenn es sich so verhält, wie du behauptest, nehme ich dein Angebot an. Aber erst mußt du mir Kappe und Stock geben...“

Hasan reichte ihm ohne Zögern das Verlangte, doch kaum hatte er das getan, da zückte der Dschannkönig sein Schwert und schrie drohend: „Nun bist du machtlos, und ich werde dir den Kopf abschlagen!“

Und er holte zum Schlag aus.

„So töte auch mich, Vater!“ rief da Manarassana und warf sich weinend vor ihren Gatten.

Und dann geschah etwas, womit niemand gerechnet hatte. Der Alte lachte laut und fröhlich auf, ließ die Waffe sinken und sprach mit ruhiger, weiser Stimme: „Ich wollte ja nur eure Liebe prüfen. Der Allmächtige ist gnadenreich und will, daß ihr euch liebt bis in alle Ewigkeit. Und Allahs Wille geschehe!“

# *Die Geschichte vom Tode des Buckligen*

In alten Zeiten und in längst verschollener Vergangenheit lebte im fernen Osten ein Schneider, der dank seiner Geschicklichkeit und seines Fleißes nicht von der Hand in den Mund zu leben brauchte und zudem ein Freund von Frohsinn und allerlei Schabernack war.

Einmal geschah es, daß er gegen Abend mit seiner Frau auf dem Heimweg war und unweit seines Hauses dem Hofnarren des Sultans begegnete, der weithin ob seiner lustigen Streiche bekannt war.

Ein Wort ergab das andere, und schließlich lud der Schneider den Buckligen in sein Haus ein, ihnen Gesellschaft zu leisten. Die Frau setzte dem Gast Fisch mit Brot und Zitrone vor, aber als der Hofnarr jeden Bissen vorsichtig im Munde herumwälzte und so gar nicht zu Scherz und Schabernack aufgelegt schien, nahm die Frau unverhofft ein großes Stück Fisch und stopfte es dem Überraschten in den Mund. Das aber hätte sie nicht tun sollen, denn in dem Fisch war eine dicke Gräte, die blieb ihm im Hals stecken, und er fiel auf der Stelle um und atmete nicht mehr.

Alle Wiederbelebungsversuche waren vergeblich, und der Schneider sah sich schon am Galgen hängen, aber da sagte seine Frau: „Keine Angst, es wird uns schon nichts geschehen, wir müssen ihn nur schnell aus dem Haus schaffen, damit man ihn hier nicht findet. Wir werden ihn in ein Tuch packen wie ein kleines Kind und dann zu dem geizigen jüdischen Arzt schaffen..."

Der Schneider gab wie so oft auf den Rat seiner Frau; er nahm den Buckligen, den sie in ein Tuch gepackt hatten, auf den Arm, und sie gingen zum Hause des Arztes. Als ihnen dort eine schwarze Sklavin aufmachte, jammerte ihr der Schneider vor: „Rufe schnell deinen Herrn herbei! Unser einziger Sohn hat eine schlimme Krankheit, und wir wissen uns keinen Rat mehr, ach!" Dabei drückte er ihr einen Vierteldinar in die Hand.

Die Sklavin eilte nach oben, kaum aber waren ihre Schritte auf der Treppe verhallt, da setzten sie beiden den toten Buckligen auf die Stufen und machten sich schleunigst davon.

Der Jude brauchte nur den Vierteldinar zu sehen, da rannte er wie der Blitz hinunter zu dem Patienten. In der Eile und in der Dunkelheit des Treppenhauses stolperte er über den Leichnam, so daß der von den Stufen stürzte und bis vor die Tür rollte.

„Ach, ich Unglücklicher!" rief der Arzt, als er sich über den Liegenden beugte und der kein Lebenszeichen von sich gab. „Nicht nur, daß ich keinen Patienten mehr habe und um meinen Lohn komme, ich werde auch noch meinen Kopf verlieren!" In der Annahme, durch seine Unachtsamkeit den Patienten getötet zu haben, jammerte und wehklagte er, bis seine Frau herbeikam.

„Wenn du noch lange so tatenlos herumstehst, bist du wirklich bald deinen Kopf los", sagte diese. „Warum soll ein Jude unschuldig leiden, wenn es doch genausogut einen Moslem treffen kann? Wir wollen ihn ihm Schutze der Nacht aufs Dach tragen und von dort mit einem Seil ins Haus unseres Nachbarn hinablassen."

Der Nachbar des Arztes war Aufseher über die Küche des Sultans, von wo er immer allerhand mit nach Hause brachte. Nun waren aber in letzter Zeit allnächtlich Vorräte aus seiner Kammer verschwunden, und er hatte den Verdacht, daß sich durch den Luftschacht Katzen in sein Haus stahlen. Gerade an diesem Abend hatte er sich mit einem schweren Eichenknüppel bewaffnet, um den Dieben aufzulauern. Als er

dann in dem Winkel unter dem Schacht ein verdächtiges Geräusch hörte und einen Fall, eilte er hin und schlug mit dem Knüppel zu.

Erst dann sah er, was er angerichtet hatte: Statt eines unreinen Tieres hatte er einen Menschen getötet und sich so mit eigener Hand dem Henker ausgeliefert.

Doch auch der Aufseher hatte eine kluge Frau, und die riet ihm: „Nicht in der Hand des Henkers, sondern in der des Allmächtigen liegt dein Schicksal; er ist dein Beschützer. Du mußt den Toten sofort aus dem Haus schaffen, nur so kannst du dich retten!“

Der Aufseher warf sich also den Buckligen über die Schulter und trug ihn aus dem Haus. Es wurde schon langsam hell, und so hatte er nicht Zeit, einen geeigneten Ort zu suchen, wo er seine schreckliche Last am besten loswerden könnte. Er lehnte den Körper einfach am Rande des Basars an eine Säule und machte sich schnell aus dem Staub.

Doch auch hier war dem Toten noch keine Ruhe beschert. Kurz darauf schwankte ein betrunkener Christ auf die Säule zu, und als er den Mann dort lehnen sah; grölte er los: „Also, hier ist ja der Kerl, der mir mein Geld stehlen wollte!" Und er warf ihn um und schlug wie von Sinnen auf ihn ein, bis die Wachen gelaufen kamen und ihn von seinem Opfer losrissen.

Da war der Christ nun zwar mit einem Schlag nüchtern, aber es war zu spät: Noch im Morgengrauen ließ man für ihn einen Galgen errichten, weil er den Hofnarren des Sultans erschlagen hatte.

Der Henker legte ihm schon die Schlinge um den Hals, da rief es aus der Menge: „Haltet ein, der Christ ist unschuldig — ich habe den Buckligen getötet!"

Es war der Aufseher über die Küche des Sultans, der sich durch die Zuschauer drängte und erklärte: „Ich habe schon ein Menschenleben auf dem Gewissen und kann nicht mehr schlafen. Was erst, wenn ich noch einen zweiten Unschuldigen ins Grab bringe!"

„So hänge ihn anstelle des Christen!“ befahl der Präfekt dem Henker.

Doch noch ehe das geschehen konnte, meldete sich der Arzt: „Wartet, er ist unschuldig!“

Was soll ich euch weiter erzählen? Schließlich bekannte sich auch der Schneider schuldig am Tode des Buckligen, und der Präfekt war von all dem so verwirrt, daß er überhaupt nicht mehr wußte, wen er nun hängen lassen sollte und wen nicht. Da kam ihm ein rettender Gedanke: Der tote Bucklige war ja der Lieblingsnarr des Sultans gewesen, mochte also der Sultan selbst entscheiden! Und er ließ alle vier in den Palast des Herrschers bringen.

Der Sultan jenes Landes war über die Maßen streng und gerecht, und außerdem liebte er spannende Geschichten.

Er verhörte die vier, und als der letzte geendet hatte, sprach er: „Eure Geschichten sind wirklich ungewöhnlich. Nur einer von euch hat den Narren getötet, die anderen

aber haben es im Geiste auch getan. Ich werde euch also alle vier hinrichten lassen, es sei denn, ihr wüßtet jemanden, der ein besseres und gerechteres Ende der Geschichte kennt..."

Dem Christen, dem Aufseher und dem Arzt fiel vor lauter Schreck gar nichts ein, nur der Schneider meinte nach einer Weile: „O großer Sultan, ich kenne einen Barbier, der gewiß die richtige Lösung findet, denn er hat selbst schon die ungewöhnlichsten Dinge erlebt..."

Der Sultan befahl, den Barbier zu holen, und bald darauf erschien vor ihm ein hochgewachsener Greis mit weißem Bart und tausend Falten im Gesicht, die jede von in Jahren angesammelter Weisheit sprachen.

„Ich will, daß du mir hilfst, diesen Fall zu lösen", sprach der Sultan zu ihm und erzählte noch einmal alles von Anfang an und auch, welches Urteil er selbst gefällt hatte.

„Ich muß erst den Toten sehen, Fürst", verlangte der Alte, nachdem er alles vernommen hatte. Verwundert kam man seiner Bitte nach, und da schaute der Barbier sich aufmerksam das Gesicht des Buckligen an, nahm eine lange, schmale Zange und zog damit die Gräte mitsamt einem Stück Fisch aus dem Mund des Narren.

Da nieste der Bucklige, setzte sich auf und schaute sich verwundert um.

„Das ist das gerechte Ende der Geschichte, o Sultan", erklärte der Greis dann.

„Du hast recht", lachte der Sultan erleichtert. „Und so soll es auch für alle Zeiten in die Chronik eingeschrieben werden!"

# *Die Geschichte von dem sprechenden Rebhuhn*

Der türkische Sultan al-Malik az-Zahir gehörte zu den vorzüglichsten Herrschern, die je die Erde getragen hat. Im Kampf war er tapfer und oft an der Spitze seines Heeres tief in christliche Länder gezogen, um dort den Ruhm des Islams zu verbreiten. Und auch auf dem Thron herrschte er gerecht und weise.

Eines Tages wurde ihm zugetragen, sein Wesir in Kairo hätte grundlos einen reichen und geachteten Kaufmann erschlagen, und zudem noch mit seinem eigenen Säbel! Al-Malik schüttelte ungläubig den Kopf, befahl die Zeugen des schrecklichen Mordes zu sich und untersuchte auch die blutige Waffe. Alles entsprach dem, was er schon gehört hatte: Der Wesir hatte den Kaufmann und den Präfekten mit einigen Offizieren zu sich eingeladen. Im Augenblick, als gerade Rebhühner aufgetragen wurden, erzählte ihnen der Kaufmann eine Geschichte zur Erheiterung. Doch er war noch nicht fertig, da stürzte sich der Wesir plötzlich auf ihn, zog ihm den Säbel aus der Scheide und tötete ihn mit einem einzigen Schlag.

Mehr konnte der Sultan von den Zeugen nicht erfahren. Er befahl also, den Wesir vorzuführen, der in Gegenwart der Richter verhört werden sollte.

„Nur der Allmächtige kennt alle seine Geheimnisse", eröffnete der Sultan die Gerichtsverhandlung. „Und uns ist nicht bekannt, warum du deine Hand zu diesem schrecklichen Verbrechen erhoben hast. Bestand zwischen euch vielleicht Blutrache?"

„Nicht im geringsten, o edler Fürst, dieser Mann hat sich mir gegenüber nie etwas zuschulden kommen lassen. Ich habe ihn einzig der Geschichte wegen getötet, die er damals beim Essen erzählte..."

„So erzähle auch uns jene Geschichte, vielleicht bringt das Klarheit in die Angelegenheit", gebot al-Malik.

„Doch zuvor bitte ich dich, siehe dir erst genau den Griff des Säbels an, mein Herr!"

Der Sultan betrachtete den kostbaren, mit Perlmutt und Gold ausgelegten Säbelgriff. Genau in der Mitte entdeckte er eine leere Stelle, als sei dort etwas herausgefallen.

„Ich sehe, daß hier etwas fehlt", meinte der Sultan. „Vielleicht eine Perle oder ein Edelstein?"

„Wie wäre es mit diesem Diamanten?"

Der Wesir öffnete die Hand und hielt dem Fürsten einen glitzernden Stein hin. Der Sultan nahm den Stein und siehe, er paßte ganz genau an jene leere Stelle des Säbelgriffs.

„Nun höre also meine Geschichte“, bat der Wesir, überzeugte sich mit einem Blick, daß auch alle zuhörten, und hob an zu erzählen:

„Zunächst müßt ihr wissen, daß jener Kaufmann erst vor kurzer Zeit nach Kairo gekommen war, und da alles, was er mit sich führte, zwar leicht an Gewicht, aber teuer an Wert war, wurde er bald reicher als alle anderen Kaufleute in unserer Stadt. Doch der Wille des Schicksals wollte es, daß zu jenem Essen, zu dem er wie üblich geladen war, gebratene Rebhühner aufgetragen wurden; denn als er die sah, lachte er plötzlich laut und sagte: ‚Ich habe gehört, daß das Rebhuhn sprechen soll... Einmal lauerte ein Straßenräuber, der schon viele Karawanen überfallen hatte, einem einsamen Kaufmann auf. Er sprang aus dem Gebüsch hervor, zerrte ihn vom Pferd und wollte ihn töten. Vergeblich flehte der Kaufmann, ihm doch wenigstens das nackte Leben zu lassen; der Räuber warf ihn auf die Erde und holte zum Todesstreich aus. Entsetzt sah sich der arme Mann nach Hilfe um, doch die Gegend war öd und verlassen, nur ein paar Rebhühner pickten unweit im Gras. Da rief der Kaufmann in seiner Not die Rebhühner zu Zeugen an, sie sollten Anklage erheben bei den Gerechten und berichten von dem Greuel. Indem machte der Säbel seinem Leben ein Ende...‘

Weiter ließ ich den Schurken nicht erzählen, denn er selbst war jener Räuber, der den Kaufmann getötet und sich dessen Besitz angeeignet hatte!“

„Ich ahne zwar, daß der Diamant aus dem Säbelgriff dabei eine Rolle spielt“, unterbrach al-Malik den Wesir, „doch erkläre es uns genauer.“

„Gern, o erhabener Sultan, denn nur der Allmächtige hat der Wahrheit an den Tag geholfen. Schon beim Eintritt des falschen Kaufmanns war mir aufgefallen, daß an seinem Säbelgriff irgendein Kleinod fehlte. Während seiner Geschichte zerriß ich mein Rebhuhn — und fand darin den Diamanten."

„Ich verstehe: Als der Räuber den Kaufmann erschlug, fiel der Edelstein ins Gras, und der Vogel hat ihn aufgepickt. So hat das Rebhuhn mit Allahs Hilfe doch Zeugnis abgelegt", sprach der Sultan, über die seltsamen Wege der Gerechtigkeit nachsinnend. Dann entließ er den Wesir in allen Ehren und hob die Gerichtsverhandlung auf.

# *Die Geschichte von dem Ebenholzpferd*

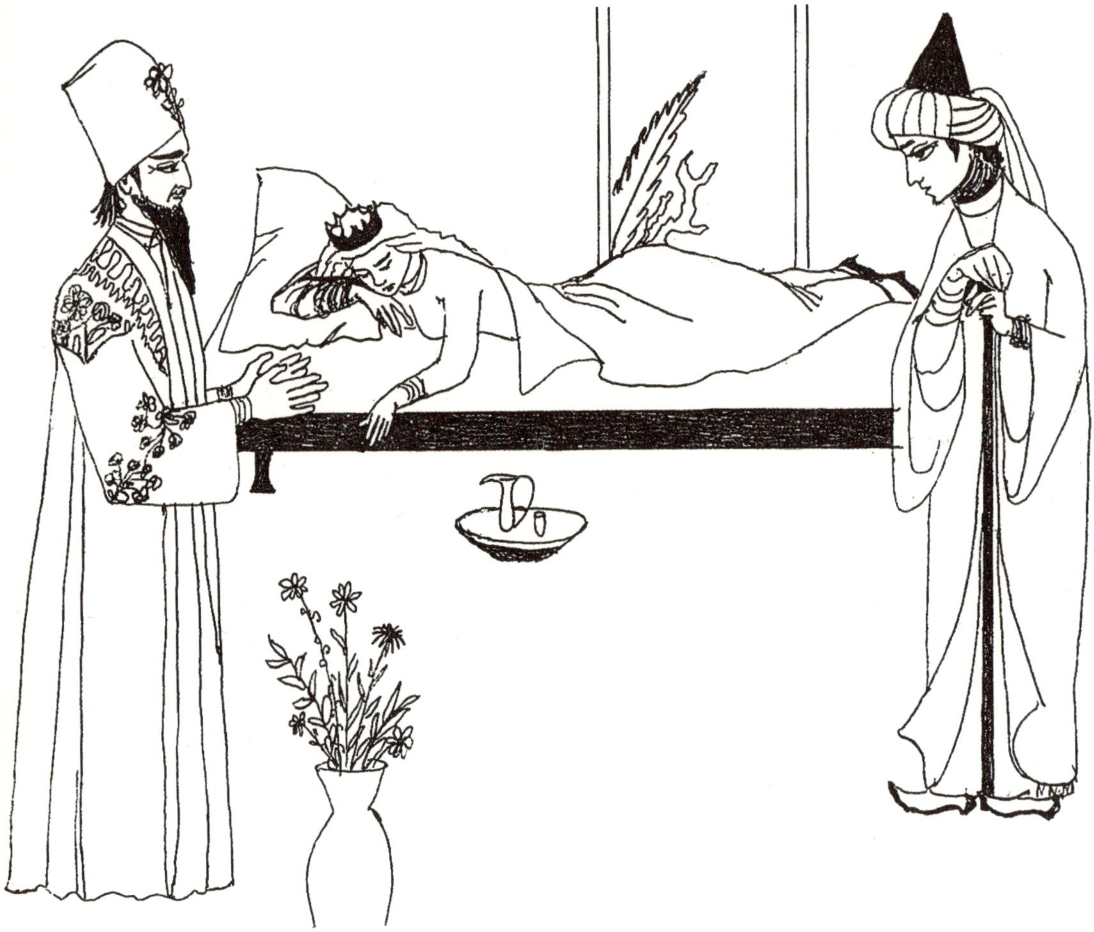

In Persien herrschte einst ein König, der hatte drei Töchter und einen Sohn, deren Liebreiz und Anmut man wohl nur mit der berauschenden Schönheit der Blumen im königlichen Garten vergleichen konnte.

Einmal, als der König auf seinem Thron saß, baten drei fremde Pilger um Gehör.

In der Kleidung unterschieden sie sich nicht — die war bei allen dreien staubbedeckt und zeugte von langer Wanderschaft —, wohl aber im Gesicht: Der Jüngste war noch bartlos, der zweite ein Mann in vollster Manneskraft, der dritte aber ein häßlicher Greis.

„Wir bringen dir einzigartige Geschenke", erklärte der Mittlere. „So einzigartig und selten, daß du auf der ganzen Welt nicht ihresgleichen findest."

„Ich habe einen Pfau aus Gold, der zu jeder vollen Stunde ruft und mit den Flügeln schlägt", brüstete sich der Jüngling und trat vor.

„Und mein Kupferhorn meldet dir jeden Feind, der sich dir nahen will", sagte der Mittlere.

„Mein Geschenk aber ist das allerwertvollste", behauptete der Alte. „Ein Pferd aus Ebenholz und Elfenbein, auf dem du dich wie ein Vogel in die Lüfte erheben kannst."

„Das sind wirklich außergewöhnliche und ganz einmalige Geschenke!" rief der König erfreut. „Doch sagt, welchen Lohn verlangt ihr dafür?"

„Vermähle uns mit deinen Töchtern", antworteten die Männer, und der König versprach es, doch erst wollte er die Geschenke ausprobieren.

So schlug denn der goldene Pfau mit den Flügeln und rief die eben vollendete volle Stunde aus; und kurz darauf ertönte auch das Horn, gerade als eine Horde wilder Wüstensöhne sich der Stadt näherte.

Da ließ der König zwei Eheverträge aufsetzen; doch das Ebenholzpferd auszuprobieren, dazu zeigte er keine große Lust, denn es war ihm leid um seine jüngste und schönste Tochter, die sich vor Kummer, den alten, häßlichen Greis heiraten zu sollen, in ihrer Kammer eingeschlossen hatte und bitterlich weinte. Aber schließlich mußte er doch sein Wort halten.

Er ließ das Ebenholzpferd auf den Schloßhof schaffen und wollte es besteigen, da aber bat der Sohn: „Vater, laß mich das Pferd ausprobieren..."

Der König war einverstanden. Der Prinz schwang sich in den Sattel und drückte dem Tier die Fersen in die Flanken, aber es rührte sich nicht von der Stelle.

„Du mußt die Schraube auf der rechten Seite des Halses drehen", belehrte ihn der Alte, der das Pferd gebracht hatte. Der Prinz befolgte den Rat, und im gleichen Augenblick machte das Pferd einen Satz und war im Nu zehn Ellen über der Erde. Und dann mußte sich der Prinz mit aller Kraft festhalten und sah unter sich Hof, Palast, die Stadt, Felder und Wüsten entschwinden...

Während der Prinz höher und höher flog, war unten der Teufel los. Als der König sah, wie sein Sohn in der Ferne verschwand und nicht wieder zurückkam, ließ er den häßlichen Alten ins tiefste Verließ werfen.

Das Ebenholzpferd aber flog immer weiter. Sein Flug war nun sicher und ruhig wie die Fahrt eines Schiffes auf stillem Meer, so daß der Prinz Muße hatte, zu überlegen, wie er wieder auf die Erde zurückgelangen sollte. Aufmerksam betrachtete er den mit Elfenbein ausgelegten Holzleib, bis er an der linken Halsseite eine ähnliche Schraube entdeckte wie auf der rechten.

Er drehte an der Schraube, und sogleich ging der Flug abwärts. Sie befanden sich gerade über einer fremden Stadt, man konnte Straßen, Plätze und Menschen sehen; und schließlich kreisten sie über den Türmen eines prunkvollen, riesigen Baus.

‚Das ist sicher ein Palast', sagte sich der Prinz und drehte wieder an der linken Schraube. Nun ging das Pferd fast im Sturzflug hinab, setzte dann aber leicht und weich auf dem Dach des Palastes auf.

Der Prinz suchte einen Weg nach unten, und siehe da, gerade unter ihm befand sich eine Terrasse, von der Mädchenstimmen und Gelächter heraufklangen.

Der Prinz sprang hinab und zog vorsichtshalber sein Schwert — man konnte ja

nie wissen. Doch im gleichen Augenblick ließ er die Hand wie erstarrt wieder sinken: Vor ihm stand eine Jungfrau von solcher Schönheit und solchem Liebreiz, daß sein Herz sofort in Liebe zu ihr entbrannte. Und auch ihre Augen ruhten furchtlos und liebevoll auf ihm...

So stand er da und nahm nichts um sich herum wahr, bis ihn die Wachen ergriffen und durch die Gänge des Palastes schleppten. Erst in einem prachtvoll ausgeschmückten Saal wurde er sich bewußt, daß er auf Knien lag und vor ihm ein zorniger Mann stand, dessen selbstbewußte Haltung den Herrscher verriet.

„Wer bist du, daß du es gewagt hast, in mein Königsschloß einzudringen? Daß du es wagtest, meiner Tochter vors Antlitz zu treten?"

„Ich bin ein Königssohn", antwortete der Prinz, wohl begreifend, daß er den Herrn des Landes vor sich hatte.

„Auch deine Herkunft kann dich nicht vor Strafe bewahren. Du hast mich beleidigt, denn du bist heimlich und ohne Zeugen gekommen!"

„So wisse denn, König, ich werde nicht ohne deine Tochter von hier weggehen, und wenn ich mit deinem ganzen Heer um sie kämpfen müßte!"

„Wie du willst", lachte der König. „Morgen früh werden meine Soldaten bereit sein!"

Der Prinz konnte lange nicht einschlafen. Er hatte keine Angst vor dem Kampf, wußte er doch, daß sein Pferd ihn jederzeit retten würde. Aber er zerbrach sich den Kopf, wie er die Prinzessin entführen könnte.

Endlich brach der Morgen an. Auf der Wiese vor dem Schloß war die königliche Reiterarmee mit wehenden Fahnen in Reih und Glied angetreten, während der Prinz zu aller Überraschung auf einem hölzernen Pferd saß, das man vom Dach heruntergetragen hatte.

Ein frohes Leuchten lief über sein Gesicht, als er auf dem Balkon die Prinzessin erblickte, die besorgt die Kampfvorbereitungen verfolgte.

Als die ersten Sonnenstrahlen das Dach des Palastes rosa färbten, erklang ein Trommelwirbel, und die Reiterscharen preschten mit gezogenen Säbeln vor.

Da drehte der Prinz schnell die rechte Schraube und war mit einem Sprung neben der Prinzessin auf dem Balkon. Vor den Augen der vor Schreck erstarrten Reiterscharen hob er sie zu sich in den Sattel, drehte wieder die Schraube, und das Ebenholzpferd trug beide hoch in den Himmel hinauf.

„Ein Dschinn! Ein Dschinn!" schrien die Soldaten und Diener entsetzt, und der König fiel vor Schreck in Ohnmacht.

Das Mädchen setzte sich nicht zur Wehr, sondern umarmte seinen Entführer fest, und das Pferd trug sie sicher durch die Lüfte, hin zur Heimatstadt des Prinzen.

Dort ließen sie sich in einem entlegenen Winkel des königlichen Gartens hinab, wo der Prinz zu seiner Braut sprach: „Es geziemt sich, daß die künftige Königin mit allen ihr zustehenden Ehren ins Schloß einzieht. Warte deshalb hier auf mich, bis ich alles zu deinem Empfang gerüstet habe. Dann werde ich dich abholen."

Der alte König weinte vor Freude, als er seinen Sohn gesund wiedersah. Und noch mehr freute er sich, als er erfuhr, daß der Prinz eine Braut mitgebracht hatte. Sofort wurde alles zu deren Empfang vorbereitet; doch vergaß man bei all der Aufregung auch den Greis nicht, der das Pferd konstruiert hatte. Der König ließ ihn aus dem Kerker holen und ernannte ihn zu seinem Wesir. Aber seine jüngste Tochter gab er ihm doch nicht.

Der neue Wesir schlich sich unbemerkt in den Garten, finstere Rachepläne schmiedend.

Bald hatte er das Ebenholzpferd entdeckt und daneben eine wunderschöne Jungfrau, die keine andere sein konnte als die Braut des Prinzen.

„Fürchte dich nicht", sprach er zu der Schönen, als diese ängstlich vor ihm zurückwich. „Der Königssohn hat mich geschickt, damit ich dich auf dem Pferd ins Schloß bringe."

Er schwang sich in den Sattel, und die Prinzessin setzte sich arglos vor ihn. Indem preßte ihr der Alte die linke Hand auf den Mund, damit sie nicht schreien konnte, und drehte mit der rechten die Schraube. Das Pferd stieg wie ein Adler steil auf, und nur das böse Lachen des Alten hallte noch eine Weile im Garten wider.

Im Schloß war alles zum Empfang der Braut bereit, und ein Zug von Sklavinnen schritt, von dem Prinzen geführt, in den Garten, der Prinzessin prachtvolle Gewänder anzulegen.

Doch der Garten war leer und verlassen; vergebens suchte der Prinz alle Ecken und Winkel ab und rief nach seiner Liebsten. Als er dann noch vom König erfuhr, daß auch dessen neuer Wesir spurlos verschwunden war, da konnte er sich wohl zusammenreimen, was geschehen war.

Und da er jung war und die Prinzessin von Herzen liebte, überlegte er nicht lange. Schon am nächsten Tag nahm er wieder Abschied vom väterlichen Schloß, um entweder mit der Prinzessin oder überhaupt nicht wiederzukommen.

Er zog lange durch die Welt, aber nirgendwo wußte man etwas von einem Ebenholzpferd oder von dem häßlichen Alten und der wunderschönen Prinzessin.

Erst im Lande der Griechen hörte er von einer wundersamen Begebenheit, die der König dieses Landes erlebt haben sollte:

Einmal, als er mit seinem Gefolge auf der Jagd war, erblickte er auf einer Lichtung ein großes Holzpferd und darauf einen häßlichen Greis, der ein sich verzweifelt wehrendes Mädchen zu bändigen suchte. Der Alte behauptete zwar, die Jungfrau sei sein Weib, aber der König glaubte ihm kein Wort. Er ließ ihn ins Gefängnis werfen und brachte die Jungfrau mitsamt dem Pferd in sein Schloß. Er hätte sie gern zu seiner Frau gemacht, denn sie gefiel ihm über die Maßen, aber leider nahm sie schon geraume Zeit keinen Bissen zu sich und siechte langsam dahin. Nun hatte der König demjenigen, der sie zu heilen verstünde, eine hohe Belohnung versprochen.

Der Prinz dankte dem Schicksal für diese Nachricht, verkleidete sich als Arzt und klopfte ans Tor des Königsschlosses.

Der Herrscher empfing den Fremden mit allen Ehren und bot diesem an, sich nach der anstrengenden Reise erst ein wenig zu stärken, aber der Prinz sagte: „Die Krankheit jenes Mädchens duldet keinen Aufschub! Führe mich deshalb unverzüglich zu ihr, König!"

Es war wirklich seine verlorene Braut. Ihr Antlitz war eingefallen und von Kummer und Leid gezeichnet, doch als der Arzt nun zu ihr trat, da leuchteten ihre Augen auf. Der Prinz gab ihr mit Blicken zu verstehen, weshalb er gekommen war, und wandte sich dann an den König: „O edler Fürst, die Kranke geht schon ihrer Genesung entgegen. Sie braucht jetzt kräftiges Essen und Schlaf. Morgen werde ich sie dann endgültig heilen."

Von Stunde zu Stunde besserte sich der Zustand der Prinzessin, und am Abend unterhielt sie sich bereits fröhlich mit allen.

Am nächsten Tag befahl der Prinz: „Hebt das Mädchen auf das hölzerne Pferd, auf dem ihr sie gefunden habt. Das Ebenholz wird den Rest der Krankheit aus ihr heraustreiben!"

Als dies geschehen war, brannte er rings um das Pferd Räucherkohle an, die alles in dichten Rauch hüllte, und in dessen Schutz sprang er selbst auf und drehte die Schraube...

So gelangten sie ungehindert wieder ins Perserreich und konnten endlich Hochzeit feiern. Und sie lebten lange Jahre glücklich und zufrieden — vielleicht auch deshalb, weil der alte König in weiser Voraussicht das Ebenholzpferd hatte heimlich verbrennen lassen. Damit es — auch wenn es ihnen geholfen hatte — mit seiner Zaubermacht eines Tages nicht doch wieder Unheil anrichte.

# *Die Geschichte von Abu Kir und Abu Sir*

Nahe der Stadt Alexandria liegt eine Stätte, Abukir genannt, die mit ihrem Namen noch heute an die Geschichte des Färbers Abu Kir und des Barbiers Abu Sir erinnert.

In längst vergangenen Zeiten lebten in der Stadt Alexandria zwei Männer, der Färber Abu Kir und der Barbier Abu Sir. Sie waren Nachbarn, denn der Laden des Barbiers stand neben dem des Färbers. Doch obwohl beide ihr Handwerk meisterhaft verstanden, so waren sie doch in ihrem Tun und Handeln grundverschieden.

Abu Sirs Laden hatte in der ganzen Stadt einen guten Ruf und warf nicht wenig ab, denn der Barbier war fleißig und immer freundlich zu seinen Kunden.

Ganz anders aber sah es bei dem Färber aus, so daß bald jeder einen Bogen um seinen Laden machte. Statt das Tuch, das ihm die Kunden brachten, wunschgemäß zu färben, verkaufte er es im Handumdrehen auf dem Markt und vertröstete den Eigentümer von einem Tag zum anderen, bis er sich schließlich damit herausredete, man hätte es ihm von der Leine gestohlen. Und ersetzen konnte er es auch nicht, da er ja selbst nichts besaß. Bald konnte sich Abu Kir nicht mehr in seiner Färberei sehen lassen und saß lieber im Laden des Barbiers herum, wo keine Gefahr bestand, daß ihn jemand mahnte. Und außerdem fand er dort hin und wieder doch eine gutgläubige Seele, die ihm auf den Leim ging. Nach einiger Zeit war Abu Kir durch seine Unehrlichkeit gänzlich auf den Hund gekommen; man hatte seine Färberei schließen lassen, borgen wollte ihm keiner was, und Arbeit fand er auch nicht.

Bitter beklagte er sich bei Abu Sir über sein Schicksal und schlug ihm dann vor, sie sollten beide fortziehen aus dieser Stadt, wo man das Handwerk nicht mehr achte. Der Barbier antwortete nur ausweichend; doch als ihm Abu Kir Tag für Tag ausmalte, wie reich sie anderswo werden könnten, ließ er sich schließlich überreden, und sie bekräftigten mit der ersten Sure aus dem Koran, unterwegs alles, was der eine oder der andere verdiente, brüderlich zu teilen und einander stets helfen zu wollen.

Ein solcher Vertrag war ganz im Sinne Abu Kirs, der auch schon bald seinen Nutzen daraus ziehen sollte. Sie gingen nämlich in Alexandria an Bord eines Schiffes, das in ferne Länder fuhr; und da beide kein Geld hatten für die Überfahrt, nahm Abu Sir sein Handwerkszeug und rasierte und schor die Seeleute, die ihm gern für seine Mühe ein paar Silberlinge, Brot und Wasser gaben. Am großzügigsten war der Kapitän: Er lud die beiden Freunde jeden Abend in seine Kajüte zu Tisch. Abu Kir aber verzichtete auf die Einladung — war es doch viel angenehmer, faul auf dem

Deck zu liegen und nichts zu tun, als zu essen und nochmals zu essen, angefangen von den Broten, mit denen die Seeleute zahlten, bis zu den auserwählten Speisen, die der Kapitän schickte.

‚Er frißt wie eine siebenköpfige Raupe', dachte der Barbier bei sich, aber er sagte nichts, denn der Färber redete sich ständig auf die Seekrankheit heraus, die ihm arg zu schaffen mache.

Nach langer Fahrt legte das Schiff bei irgendeiner Stadt an, und die beiden Freunde mieteten sich in einem Chan ein. Abu Sir zog gleich am nächsten Morgen mit seinen Messern und Scheren los und arbeitete fleißig bis zum Sonnenuntergang. Der Färber aber blieb den ganzen lieben Tag lang liegen, behauptete, ihm sei noch immer übel von der Fahrt, und ließ sich von dem Barbier ernähren. So ging es eine Reihe von Tagen gut, bis Abu Sir ernstlich erkrankte und sich auch hinlegen mußte.

‚Ein Glück, daß ich einen guten Freund bei mir habe', sagte er sich einfältig. ‚Der wird schon für mich sorgen!'

Aber weit gefehlt!

Abu Kir dachte gar nicht daran, den Vertrag einzuhalten. Im Gegenteil — wie er sah, daß die Goldstücke in der Barbierschüssel immer mehr abnahmen, nahm er schnell den Rest an sich und ließ Abu Sir hilflos zurück.

Dann schlenderte er durch die Straßen der Stadt, bis er zu einer Färberei kam. Dort blieb er stehen, denn es zog ihn doch zu seinem Handwerk, und zudem war sein schlechter Ruf ja nicht bis hierher gedrungen.

Allerdings staunte er nicht schlecht, als er die gefärbten Stoffe sah: Sie waren alle blau, als kenne man in dieser Stadt kein Gelb, Rot, Weiß, Schwarz, Grün, ganz zu schweigen von all ihren verschiedenen Schattierungen, auf die sich Abu Kir stets meisterhaft verstanden hatte.

So fragte er denn sicherheitshalber, um sich zu überzeugen, und stellte fest, daß man in dieser Stadt wirklich nur blau zu färben verstand.

‚Sicher wird mich jeder Färber hier gern einstellen, wenn ich ihm zeige, was ich kann', sagte sich Abu Kir. Aber er hatte sich geirrt: Keiner von den Meistern, die er aufsuchte, wollte ihm Arbeit geben, weil er ein Fremder war.

Wütend und müde von dem langen Herumlaufen, beschwerte er sich schließlich beim Sultan, und der hörte ihn nicht nur an, sondern entschied, nachdem er sich davon überzeugt hatte, wie gut Abu Kir sein Handwerk beherrschte: „Ich sehe, daß du ein Meister in deinem Fach bist. Deshalb werde ich dir eine Färberei ganz nach deinen Wünschen erbauen und einrichten lassen!"

Abu Kir war zunächst sprachlos ob der Großmütigkeit des Herrschers; aber kaum hatte er sich wieder besonnen, machte er sich ans Werk. Er suchte einen geeigneten Platz aus, und die Maurer bauten ihm dort eine Werkstatt nach seinen Anweisungen.

Schließlich erbat er sich vom Sultan noch Geld, um dafür Farben und alles, was er noch brauchte, zu kaufen.

Dann rührte er in unzähligen Gefäßen Farben an, daß sie in ihrer Vielfalt und Buntheit nicht ihresgleichen hatten, und färbte fünfhundert Stoffe des Sultans, jedes Stück in einer anderen Farbe.

Er arbeitete mit Lust und Eifer; die Gaffer vor der Werkstatt staunten mit offenen Mäulern, und der Sultan belohnte ihn reich.

Von diesem Tag an konnte der Färber über einen Mangel an Kunden nicht klagen, aber da brauchte er längst nicht mehr selbst Hand anlegen: Er lernte eine ganze Schar von Sklaven an und beaufsichtigte sie nur.

In kürzester Zeit war er reicher als alle anderen Färber der Stadt zusammen; ja einige boten ihm sogar ihre Dienste an, aber er wies sie alle ab, solcherart Böses mit Bösem vergeltend.

An seinen Freund, den Barbier, verschwendete er keinen Gedanken. Es fiel ihm gar nicht ein, sich um ihn zu kümmern, wie sie geschworen hatten.

Abu Sir lag indessen krank und schwach in seiner Kammer, und als er endlich aus seiner Ohnmacht erwachte und feststellte, daß mit Abu Kir auch das letzte Geld verschwunden war, wollte er schier verzweifeln.

Und er hätte sicher jämmerlich umkommen müssen, wäre es dem Pförtner des Chans nicht aufgefallen, daß schon mehrere Tage niemand jene Kammer verlassen hatte. Er war es auch, der dem kranken Barbier Brühe und manch andere Speise brachte und ihn gesund pflegte.

Von dem Pförtner erfuhr Abu Sir, daß der Färber inzwischen zu einem reichen Mann und Günstling des Sultans geworden war. Da freute er sich, denn seinem Herzen war jeglicher Neid fremd, und er entschuldigte des Freundes langes Ausbleiben damit, daß dieser sicher sehr beschäftigt sei, für beide Geld zu verdienen.

Endlich war er soweit genesen, daß er die Herberge verlassen und die Färberei aufsuchen konnte. Den Weg dorthin erfragte er leicht, und als er die Werkstatt betrat, die groß und herrlich war wie ein Palast, da empfand er noch größere Achtung vor dem Freund.

Abu Kir saß in einem kostbaren Gewand auf weichen Kissen und erteilte den Sklaven Befehlen; als er aber in der Tür den Barbier erblickte, schrie er böse: „Packt ihn! Das ist der Mann, der mir schon längere Zeit Tuch stiehlt, so daß ich es aus der eigenen Tasche ersetzen muß. Verprügelt ihn so, daß ihm für immer die Lust vergeht, diese Schwelle zu überschreiten!“

Umsonst rief Abu Sir die Gerechtigkeit an — die Sklaven verprügelten ihn auf des Färbers Befehl derart, daß er kaum noch kriechen konnte.

Ächzend und stöhnend schleppte sich Abu Sir davon und sehnte sich nach einem

Bad, das seinen schmerzenden Gliedern Linderung verschafft hätte. Aber wen immer er auch fragte, keiner in dieser Stadt schien überhaupt zu wissen, was ein Badehaus war; das einzige, was sie ihm empfehlen konnten, war das schmutzige Meereswasser.

Abu Sir machte sich Gedanken über diese Unwissenheit, der das Vergnügen an Reinigung und Erfrischung des Körpers fremd war, und er ging zum Sultan, um mit dem darüber zu sprechen.

Der Sultan, der ja auch noch nie die Wonnen eines warmen Bades und des Knetens und Salbens der Glieder genossen hatte, wies sogleich seinen Schatzmeister an, dem Barbier alle Mittel für den Bau eines vorzüglichen Badehauses zur Verfügung zu stellen.

Abu Sir war nicht faul: Er ließ ein Badehaus erbauen, wie es eines Sultans würdig war, mit allem, was dazu gehörte: Umkleideräume und Becken mit warmem und kaltem Wasser, in deren Mitte Springbrunnen das Auge ergötzten, Säle, in denen heißer Dampf aufstieg, und kleine, abgeteilte Kabinen. Dann mietete er junge Sklaven und Sklavinnen, deren Anblick den Augen angenehm war, und unterwies sie in der Kunst des Knetens und Salbens des Körpers. Und als alles fertig war, schickte er Ausrufer in die Stadt, Kunden anzulocken, und ließ den Dampf ein. Und alle, die kamen, waren des Lobes voll ob des bisher ungekannten Genusses — am meisten der Sultan.

Obwohl Abu Sir, umsichtig wie er war, von jedem Besucher nur so viel Eintrittsgeld verlangte, wie dessen Möglichkeiten angemessen war, wurde er bald reicher als Abu Kir.

Der Färber hatte natürlich bald vom Aufstieg seines Reisegenossen erfahren, und der Neid plagte ihn derart, daß er Tag und Nacht an nichts anderes mehr dachte, als wie er dem Barbier schaden könnte.

Schließlich entschloß er sich, das Bad aufzusuchen, und als ihn dort Abu Sir mit allen Ehren empfing und ihm nichts nachzutragen schien, legte er beleidigt los: „Ich suche dich schon lange Zeit, weil ich befürchtete, du könntest Not leiden, und unterdes lebst du in Wohlstand und läßt dich nicht einmal bei deinem alten Freund sehen!“

Darauf erinnerte ihn der Barbier an ihre letzte Begegnung in der Färberei und wie der Freund den Freund hatte mit Stockschlägen hinauswerfen lassen. Der Färber aber gab vor, das müsse ein Irrtum gewesen sein — wie hätte er denn in dem ausgemergelten und abgerissenen Landstreicher Abu Sir erkennen sollen?

Bei einer Tasse Kaffee vergaßen sie dann den Mißklang, und Abu Kir strich dem Barbier um den Bart: „Du hast ein vorzügliches Badehaus; meine Färberei bringt lange nicht soviel ein. Aber damit du siehst, daß ich dir dein Glück von ganzem Herzen gönne, will ich dir verraten, was deinem Bad noch mangelt, auf daß ihm

keines gleichkommt. Es ist eine Salbe aus Arsenik und ungelöschtem Kalk, die die Härchen entfernt..."

„Du hast recht, dieses Mittel war mir wirklich entfallen; hab Dank, daß du mich daran erinnert hast", sprach der Barbier, und sie trennten sich im besten Einvernehmen.

Nun hatte der Färber ganz und gar nicht des Freundes Wohlergehen im Sinn, sondern nur dessen Schaden, und so eilte er stehenden Fußes zum Sultan mit folgender Nachricht: „O Sultan der Zeit! Du darfst auf keinen Fall je wieder das neue Badehaus betreten, wenn dir dein Leben lieb ist! Der Barbier, dem du deine Gunst zu schenken geruhtest, ist ein erbitterrer Feind unseres Glaubens und trachtet dir nach dem Leben!"

„Wie das?" fragte der Sultan.

„Wenn du ins Bad kommst, wird er dich mit einer Salbe einreiben wollen, die angeblich die lästigen Härchen entfernt, in Wirklichkeit aber ein tödliches Gift enthält, das dich töten soll!"

Dem Sultan wollte es nicht in den Sinn, daß der Barbier ihn so getäuscht haben sollte, und um sich zu überzeugen, eilte er sogleich ins Bad. Und wirklich, kaum war er eingetreten, da stand auch schon Abu Sir vor ihm und sprach: „Verzeih, Sultan der Zeit, daß ich mich erst jetzt wieder an ein Mittel erinnert habe, das in unserem Lande in keinem Bad fehlen darf und das die lästigen Härchen auf der Haut entfernt..."

„Zeige mir das Mittel!" gebot der Sultan.

Der Barbier brachte die Salbe, die allerdings die unangenehme Eigenschaft hatte, daß sie fürchterlich stank. Und gerade dieser Umstand ließ den Sultan glauben, daß es sich wirklich um ein Gift handle.

„Ergreift ihn!" schrie der Sultan seinen Wachen zu, die den arglosen Barbier in den Palast schleppten, wo der Sultan persönlich ihn richten wollte.

„Sieh her!" forderte der Herrscher Abu Sir auf und zog einen glitzernden Ring aus seinem Gewand. „Dieser Ring hat große Macht. Wenn ich ihn auf den Mittelfinger stecke und damit auf dich zeige, so rollt dir der Kopf von den Schultern. Das ist die Strafe, die dich treffen wird für deinen Verrat."

Dem Unglücklichen stockte das Blut in den Adern. Aber wie der Sultan den Ring anstecken wollte, da rutschte ihm dieser aus der Hand und rollte direkt vor die Füße des Barbiers. Abu Sir hob den Ring auf — zum Entsetzen aller, denn in diesem Augenblick war er, der zum Tode verurteilte, zum Herrn über Leben und Tod im ganzen Palast geworden — und sprach: „Sultan der Zeit, das Schicksal hat es mir vergönnt, diese harte Prüfung zu überleben, um an deine Gerechtigkeit glauben zu können. Nimm also den Ring zurück..."

Mit diesen Worten reichte er dem Sultan den Ring. Der Herrscher aber war erschüttert ob des tiefen Glaubens des Barbiers. Nein, dieser Mann konnte kein Feind sein; denn wenn es seine Absicht gewesen wäre, ihn, den Sultan zu töten, so hätte er ja nur den Ring auf ihn zu richten brauchen.

Also berichtete er Abu Sir, wessen ihn der Färber bezichtigt hatte, und fragte dann den Barbier aus, was er bisher alles mit Abu Kir erlebt hatte.

„Nun erkenne ich, wer der wahre Feind des Glaubens ist", sprach der Sultan, als er Abu Sirs Geschichte vernommen hatte, und entschied: „Der Tod, den der Färber dir zugedacht, soll nach Verdienst ihn selbst ereilen!"

Und so geschah es auch. Und als Abu Kir einen Kopf kürzer war, erbat sich Abu Sir von dem Sultan, den Leichnam seines falschen Freundes in der Heimat bestatten zu dürfen. Davon, daß er also tat, zeugt jene Stätte unweit der Stadt Alexandria, die noch heute den Namen Abukir trägt.

# *Die Geschichte von der klugen Kaufmannsfrau*

Über die Dummheit der Menschen gibt es viele Geschichten, aber nur wenige berichten davon, wie der einfache Verstand über die Mächtigen dieser Welt siegt — und dabei gibt es das auch...

In einer Stadt lebte einmal eine Kaufmannsfrau, schön wie der Vollmond, wenn er seinen Glanz über den nächtlichen Himmel ergießt. Da ihr Gemahl, der Kaufmann, viel auf Reisen war und sie vernachlässigte, wandte sie ihre Liebe einem

Jüngling zu. Sie hielt ihre Beziehung vor allen geheim, denn sie wollte, sobald sie genügend Geld gespart haben würde, mit ihm aus der Stadt fliehen.

Da aber geschah es, daß ihr Liebster im Streit mit einem Nachbarn handgreiflich wurde und dafür ins Gefängnis kam.

‚Wen soll ich nur um Hilfe bitten?' überlegte die Frau. ‚Ein jeder wird etwas dafür verlangen...' Und dann fiel ihr doch etwas ein, und sie mußte selbst über ihren Einfall lachen.

Am nächsten Tag ging sie zum Präfekten und erzählte ihm unter Tränen, wie der Jüngling, den sie für ihren Bruder ausgab, unschuldig ins Gefängnis geraten sei, so daß sie nun niemanden mehr habe, der für sie sorge.

„Dem ist leicht abzuhelfen", meinte der Präfekt, seine schöne Besucherin mit Blicken verschlingend. „Wenn du gestattest, daß ich heute abend in dein Haus kommen und mit dir zusammen sein darf, werde ich mich gern für deinen Bruder verwenden. Allerdings mußt du dich in dieser Angelegenheit auch noch an den Richter wenden."

Die Frau willigte zum Schein ein und bedachte den Präfekten zum Abschied mit einem solch vielversprechenden Lächeln, daß dem ganz schwach zumute wurde.

Der Richter verhielt sich keinen Deut besser. Auch ihm mußte die schöne Kaufmannsfrau ein Stelldichein versprechen, und sie lud ihn für den selben Abend wie den Präfekten in ihr Haus.

Der Richter schickte sie dann zum Wesir, der von ihrer lieblichen Erscheinung derart angetan war, daß er sogleich ein Zusammensein mit ihr begehrte. Natürlich wurde auch ihm die Erfüllung seiner Wünsche versprochen, wenngleich das letzte Wort über die Freilassung des Jünglings auch er nicht sprechen konnte — das war nämlich Sache des Sultans.

Doch der Sultan unterschrieb den Freilassungsbrief gern — allerdings erst, nachdem er sich die Erlaubnis zu einem Besuch im Hause der Kaufmannsfrau eingeholt hatte, denn auch sein altes Herz war nicht kalt geblieben beim Anblick der hübschen Bittstellerin.

„Warum nicht", meinte die Frau lachend und verbeugte sich geschmeichelt. „Ich kann den heutigen Abend selbst kaum erwarten..."

Vom Sultanspalast ging sie dann schnurstracks in eine Tischlerwerkstatt und trug dem Tischler auf: „Mach mir bis heute abend einen Schrank mit vier Fächern, und jedes Fach muß so groß sein, daß ein... ein Esel hineinpaßt!"

„Gern erfülle ich dir deinen Wunsch, liebe Frau", versicherte der Meister, „aber den Lohn komme ich mir heute abend persönlich bei dir abholen..."

„Von mir aus, doch mache in dem Falle fünf Fächer und laß den Schrank noch heute nachmittag in mein Haus bringen!"

Der Tischler versprach, sein Bestes zu tun, und machte sich hurtig an die Arbeit — wie sollte er auch nicht, wo ihm doch so süßer Lohn winkte.

Auch die Kaufmannsfrau legte die Hände nicht in den Schoß. Sie kaufte Speisen und Getränke für die hohen Gäste und kramte dann vier alte, abgetragene Gewänder hervor und schaffte sie zum Färber, der ihr jedes Gewand in anderen bunten Farben färbte.

So verging der Tag wie im Fluge, und kaum hatte sie den Schrank an die rechte Stelle gerückt und sich zurechtgemacht und mit Wohlgerüchen besprengt, da klopfte es an die Tür. Es war der Präfekt, der sich ihr zu Ehren besonders feierlich herausgeputzt hatte.

Die Frau küßte ehrfürchtig den Boden vor ihm und führte ihn zu Tisch. Als sie sich nach dem Essen die Hände gewaschen hatten und der Präfekt seine schöne Gastgeberin umarmen wollte, forderte sie ihn auf: „Mach es dir erst bequem, und lege dieses Hauskleid an!“

Der Präfekt zog sich ungeduldig um, da klopfte es wieder an die Tür.

„Wer kann das sein?" fragte er erschrocken.

„Oh, das ist bestimmt mein Mann! Wenn er dich hier findet, schlägt er dich tot... Schnell, verstecke dich in dem Schrank dort!"

Und so kroch der Präfekt in das unterste Fach des neuen Schrankes. Der da vor der Tür stand und Einlaß begehrte, war der Richter. Und nach ihm kamen dann noch der Wesir und der Sultan. Einer nach dem anderen zog auf Geheiß der Kaufmannsfrau die bunten Lumpen an und mußte sich dann aus Angst vor dem Ehemann in den Schrank sperren lassen.

Der letzte, der kam, war der Tischler. Den aber empfing die Frau ganz anders: „Was, du willst dir deinen Lohn holen? Du hast ihn dir ja gar nicht verdient, denn das fünfte Fach ist viel zu klein, da paßt nie und nimmer ein Esel hinein!"

„Es ist bestimmt groß genug, so groß, daß ich selbst darin Platz hätte", wandte der Tischler ein.

„Na, so versuch es doch!" forderte ihn die Frau auf, hielt ihm die Tür auf, stieß ihn hinein und schloß ab.

Und was war weiter?

Nun, am Morgen verkaufte die Kaufmannsfrau die teuren Kleider des Präfekten, des Wesirs und sogar des Sultans, holte ihren Liebsten aus dem Gefängnis — denn sie hatte ja den Freilassungsbrief mit der Unterschrift des Sultans — und verschwand mit ihm auf Nimmerwiedersehen aus der Stadt.

Weniger tatenlustig aber erwiesen sich die Herren. Aus Furcht, dem Gespött der Leute preisgegeben zu werden, wagte keiner einen Mucks, und sie schwiegen auch dann noch, als der Tischler sich nicht mehr beherrschen konnte und sein Wasser auf den Sultan laufen ließ, der Sultan auf den Wesir, der Wesir auf den Richter und der Richter auf den Präfekten. Schließlich aber nahm doch die Angst überhand, sie könnten elendiglich in dem Schrank umkommen, und sie riefen alle fünf laut um Hilfe.

Die Leute, die auf ihre Hilferufe herbeikamen, wagten zunächst nicht, den Schrank zu öffnen, denn immerhin konnten ja Dschinn darin sein. Aber als dann der Richter eine Strophe aus dem Koran sprach, was ja bekanntlich kein Dschinn vermag, ließen sie die fünf Männer doch heraus.

Die boten in ihren bunten Lumpen und in ihrer Lage einen solch erbärmlichen Anblick, daß sie der ganzen Stadt zum Gespött wurden und — obwohl sie doch höchste Würdenträger und Herrscher waren — für immer Ansehen und Würde verloren hatten.

# *Die Geschichte von den bösen Brüdern*

Es geschah während der Regierungszeit Harun ar-Raschids, des Herrschers der Gläubigen, daß Abdallah ibn Fadil, der Emir von Basra, versäumte, seinem Herrscher den gebührenden Tribut zu senden.

Beunruhigt ob dieses Vorfalls, denn der Emir gehörte zu seinen Auserwählten, beschloß der Kalif, selbst nach Basra zu reisen und dort nach dem Rechten zu sehen.

Abdallah empfing seinen Gebieter mit allen Ehren und mit vielen Entschuldigungen ob seines Versäumnisses und zeigte dem Kalifen, daß der Tribut bereits zur

Absendung bereit war und jeden Tag abgehen sollte. Dann ließ er, wie es einem so hohen Gast geziemte, ein Festgelage ausrichten, das bis in die Nacht hinein andauerte.

Als es dann Zeit zum Schlafen war, ließ er dem Herrscher ein Lager neben dem seinen bereiten, und gemeinsam begaben sie sich zur Ruhe.

Harun ar-Raschid lag in dieser Nacht lange wach und konnte nicht einschlafen. Deshalb entging ihm auch nicht, wie Abdallah sich vorsichtig und leise von seinem Lager erhob und hinausging. Neugierig geworden stand auch der Kalif auf und folgte ihm heimlich. Ihr Weg führte durch viele Gänge bis in einen großen Saal ganz am anderen Ende des Schlosses. In der Mitte des Saales stand ein Ruhebett aus Elfenbein, und an dem waren mit goldenen Ketten zwei Hunde angebunden.

Als sie Abdallah eintreten sahen, winselten sie freudig und wedelten mit dem Schwanz. Doch da nahm Abdallah ibn Fadil zum Entsetzen des Kalifen eine Peitsche und verprügelte sie unerbitterlich, bis ihnen die Sinne schwanden. Erst dann streichelte er sie zärtlich und fütterte und tränkte sie, wobei er unaufhörlich für sie betete. Schließlich rollte er die Peitsche zusammen und verließ den Saal.

Harun ar-Raschid fand Abdallahs Benehmen zwar ungemein verwunderlich, doch ließ er sich am Morgen nicht anmerken, daß er etwas von dessen nächtlichem Ausflug wußte. Erst als sich das Ganze auch in der nächsten und übernächsten Nacht wiederholte, konnte er schließlich seine Neugier nicht mehr bezwingen, und er sprach am dritten Morgen nach dem Morgengebet zu seinem Gastgeber: „Emir Abdallah, es war der Wille des Schicksals, daß ich von deinen beiden Hunden erfahren habe und auch von deinem eigenartigen Gebaren ihnen gegenüber. Sage mir wahrheitsgemäß, was hat das alles zu bedeuten: Warum schlägst du sie so grausam, um sie dann hinterher zu liebkosen und zu pflegen, als seien sie dein eigen Blut?“

„Nun, sie sind wirklich aus menschlichem Geschlecht, o Stellvertreter des Allmächtigen“, antwortete Abdallah ibn Fadil. „Doch damit du die ganze Wahrheit erfährst und dir ein gerechtes Bild machen kannst, laß mich dir den wahren Sachverhalt erzählen und die Hunde dabei als Zeugen anrufen.“

Harun ar-Raschid wollte sich gern seine Geschichte anhören und setzte sich bequem hin. Daraufhin holte Abdallah die beiden Hunde herbei und hob an zu erzählen:

„Ich bin der jüngste von drei Söhnen des reichen Kaufmanns Fadila. Dem erstgeborenen gab der Vater den Namen Mansur, den zweiten Bruder nannte er Nasir.

Wir verlebten eine glückliche Kindheit, aber kaum waren wir den Kinderschuhen entwachsen, da starb unser Vater und hinterließ uns große Reichtümer, bestehend aus Geld, teuren Stoffen aller Art, einem geräumigen Haus und einem gutgehenden Laden.

Als die Trauerfeier, die Freilassung der Sklaven, das Koranlesen und die Verteilung von Almosen vorüber waren, fragte ich meine Brüder, wie wir mit dem Nachlaß verfahren würden — ob wir allen Besitz in drei Teile teilen oder lieber wie bisher gemeinsam unter einem Dache leben wollten ohne Unterschied.

Mansur und Nasir bestanden auf ihrem Anteil; ihnen fielen also das Geld und die Waren zu, mir aber überließen sie Haus und Laden und reisten dann in ferne Länder, um dort Handel zu treiben.

Das Jahr darauf, es war im Winter, kehrten sie überraschend zurück, hungrig und vor Kälte zitternd, so daß ich ihnen von meinen Pelzen gab und sie bewirtete. Sie berichteten mir, daß sie in Kufra und Bagdad Handel getrieben hätten mit großem Gewinn, seien aber auf der Rückfahrt nach Basra von einem fürchterlichen Sturm überrascht worden, der alles und alle ins Meer gespült hatte. Mit Müh und Not hatten sie nur das nackte Leben gerettet.

Ihre Klagen über die Mißgunst des Schicksals taten meinen Ohren weh, und ich sprach also zu ihnen: ‚Brüder, während ihr auf euren Reisen gewesen seid und so Schreckliches erdulden mußtet, habe ich mit Allahs Hilfe meinen Anteil aus dem Nachlaß des Vaters so vermehrt, daß er heute so groß ist wie das ganze Erbe damals war. Nehmt also noch einmal euren Anteil und vermehrt ihn durch klugen Handel.‘

Wie ich entschieden, so geschah es auch. Auf mein Anraten hin aber fuhren Mansur und Nasir diesmal nicht in die Ferne, sondern machten jeder einen Laden in Basra auf. Doch trotz ihrer bitteren Erfahrungen gefiel es ihnen zu Hause nicht. Sie konnten an nichts anderes mehr denken als daran, welche Reichtümer sie durch Handel in fremden Ländern gewinnen könnten.

Und sie sprachen so lange davon und malten alles in so schillernden Farben, bis sie auch mich überzeugt hatten und wir alle drei nach gründlichen Vorbereitungen auf Reisen gingen.

Wir beluden ein gemietetes Schiff mit allen möglichen Waren und segelten dann über das Meer von einer Stadt zur anderen.

Aber wenn es uns auch beschieden war, durch geschicktes Kaufen und Verkaufen unseren Besitz immer mehr zu vergrößern und große Gewinne zu erzielen, so hielt das Schicksal doch auch manch böse Überraschung für uns bereit.

Einmal ging auf unserem Schiff das Trinkwasser aus. Deshalb legten wir bei der nächsten Insel an und begaben uns an Land, nach Trinkwasser zu suchen. Ich selbst stieg auf einen Berg und wurde dort Zeuge eines ungleichen Kampfes: Ein schwarzer Drache verfolgte eine wehrlose weiße Schlange. Er hatte sie bald eingeholt und hieb seine scharfen Krallen in ihren weichen Leib. Da hob ich schnell, von Mitleid mit dem armen Tier ergriffen, einen schweren Stein auf und schlug den Drachen tot.

Im gleichen Augenblick verwandelte sich die Schlange in eine wunderschöne

Jungfrau, die zu mir trat und sprach: ‚Hab Dank, Abdallah, der du mich gerettet. Wisse, ich bin die Dschinnijah Saida, und wenn du dereinst in Not geraten solltest, werde ich dir zu Hilfe eilen...‘

Nach diesen Worten tat sich die Erde auf, die Jungfrau stieg hinab, und die Erde schloß sich wieder über ihr.

Die anderen hatten inzwischen Wasser gefunden, und wir setzten unsere Fahrt fort. Nach einiger Zeit gingen wir wieder vor Anker, um unsere Vorräte aufzufüllen.

Unweit der Stelle, wo wir angelegt hatten, sahen wir eine große Stadt liegen mit starken Mauern, hohen Türmen und eisernen Toren. Dort würden wir gewiß alles bekommen, was wir brauchten, meinte ich.

Als ich aber die anderen aufforderte, mich in die Stadt zu begleiten, da weigerte sich die ganze Besatzung einschließlich meiner Brüder, denn sie waren überzeugt, daß in diesen Breiten nur Ungläubige hausen könnten, denen in die Hände zu fallen der sichere Tod bedeute.

Was sollte ich tun? Ich vertraute auf den Allmächtigen und wandte meine Schritte den eisernen Toren zu. Doch wer beschreibt mein Staunen und Entsetzen, als ich die ganze Stadt ohne das geringste Leben vorfand. Vom Torwächter an über die Kaufleute, Handwerker, Männer und Frauen auf dem Basar bis hin zum Wesir und dem König und der Königin im Palast waren alle Menschen versteinert. So konnte ich Gold und Silber und Edelsteine zusammenraffen, soviel ich nur tragen konnte. Die Stoffe aber und Teppiche zerfielen unter meinen Fingern zu Staub, so verwittert waren sie.

Ich streifte durch die prunkvollen Säle des Schlosses und sah überall Spuren einstigen regen Lebens, das mit einem Schlag unterbrochen worden war.

Da hörte ich aus einem Saal eine leise Mädchenstimme den Koran sprechen — die einzige menschliche Stimme in dieser Stadt!

Getrieben von dem Wunsch, jene zu schauen, deren Worte mir süßer im Ohr klangen als die zauberhafteste Musik, trat ich ein und fand dort ein Mädchen vor, so anmutig wie die Rosen im Garten und schöner noch als die Sonne am mittäglichen Firmament.

Das Mädchen stieg von seinen Kissen herab und begrüßte mich wie einen alten Bekannten: ‚Friede sei mit dir, Abdallah, Trost meiner Augen!‘

Ich gab meiner Verwunderung Ausdruck, daß sie meinen Namen kenne und auch darüber, daß sie das einzige lebendige Wesen sei in dieser versteinerten Stadt.

Da erzählte sie mir, wie es dazu gekommen war: Ihr Vater war der König eines großen Reiches und hatte Macht und Reichtümer angehäuft wie selten ein Herrscher. Statt aber Allah, dem Einzigen und Allmächtigen, zu danken für seine Güte, verehrte er einen Götzen aus Edelstein, den Menschenhände geschaffen hatten. Und auch

seine Wesire, seine Soldaten und sein Volk, ein jeglicher in dieser Stadt, waren Ungläubige und beteten Götzen an.

Da erschien eines Tages im Palast ein frommer Pilger. Er trug einen grünen Mantel, und aus seinen gütigen Augen leuchtete hell das Licht des Glaubens. Er warf dem König seinen Götzendienst vor und wollte ihn zum wahren Glauben bekehren. Der König aber lachte ihn aus, und als der fromme Mann nicht einhielt in seiner Predigt, da wurde er zornig und wollte ihn vernichten. Er ließ alle Götzenbilder in den Palast bringen und im Thronsaal aufstellen wie beim Diwan. Und dann verbeugten sich der König und alle anderen vor ihren Götzen und baten sie, ihren Zorn auf den Fremden herabzusenden.

Doch die falschen Götter schwiegen und blieben tot und stumm, denn der Glaube des Pilgers war stärker. Er selbst aber zerschmetterte den Götzen des Königs, streckte den Arm aus und rief den Allmächtigen an, die Ungläubigen in Steine zu verwandeln. So versteinerte die ganze Stadt; allein die Königstochter blieb von diesem bösen Schicksal verschont, weil Allah sie für den wahren Glauben ausersehen hatte.

Der fromme al-Chidr, denn so hieß jener Mann, unterrichtete sie dann im Koran. Er war es auch, der ihr mein Kommen vorausgesagt und zugleich bestimmt hatte, ich sollte sie als meine Frau von hier fortführen.

Ich kehrte also mit vielen Schätzen auf das Schiff zurück, von denen der wertvollste allerdings meine Gemahlin Radschiha war.

Ich teilte alles, was ich aus dem Palast mitgebracht hatte, mit meinen Brüdern. Und damals zeigten sie zum ersten Mal ihr wahres Gesicht; was ich ihnen gab, genügte ihnen nicht, sie wollten auch Radschiha haben. Daraufhin hütete ich meine Frau wie meinen Augapfel — bis zu jenem Augenblick, da sich am Horizont die Türme von Basra zeigten.

Überzeugt, daß nun nichts mehr passieren könnte, schlummerte ich, der ich viele Nächte gewacht hatte, für einen Augenblick ein. Darauf hatten Mansur und Nasir nur gewartet. Sie packten mich und warfen mich über Bord, wo ich ohne die Hilfe der Dschinnijah Saida gewiß ertrunken wäre. Saida hatte nämlich die ganze Zeit wie eine Schwester über mir gewacht und stieß nun in Gestalt eines riesigen Vogels herab, zog mich aus den Wellen und trug mich zurück aufs Schiff.

Aber es war zu spät, Radschiha hatte sich aus Verzweiflung über meinen vermeintlichen Tod ins Meer gestürzt. Nur meine Brüder standen auf dem Deck und erstarrten vor Grauen, als ich plötzlich wieder gesund und lebendig vor ihnen stand. Sogleich aber faßten sie sich wieder und umarmten mich, als sei nichts geschehen.

Da aber trat Saida zwischen uns. In ihrem Zorn wollte sie die beiden auf der Stelle mit dem Tode bestrafen für ihr verbrecherisches Tun, und es kostete mich große Überredungskünste, bis ich sie dazu bewegen konnte, die Strafe zu mildern und den Brüdern wenigstens das Leben zu lassen. So verwandelte sie sie in diese unreinen Tiere mit der Bedingung, ich müsse sie jede Nacht bis zur Bewußtlosigkeit schlagen; wenn nicht, würde sie also an mir tun.

Und das geschah auch gleich in der ersten Nacht, als ich ihren Befehl nicht achtete. Und da ich noch heute, nach zwölf Jahren, ihre grausamen Schläge auf meiner Haut spüre, widersetze ich mich diesem Befehl nicht mehr.

Das also ist meine Geschichte, o Herrscher der Gläubigen", erklärte Abdallah ibn Fadil, und die Hunde nickten dazu mit den Köpfen.

„Es ist wahrlich eine seltsame Geschichte", meinte Harun ar-Raschid und fragte dann: „Sag, bist du deinen Brüdern noch immer gram, oder hast du ihnen inzwischen verziehen?“

„Schon lange hege ich keinen Groll mehr gegen sie, und es ist mein sehnlichster Wunsch, daß auch sie mir die Schläge verzeihen. Alles andere liegt in der Hand des Allmächtigen.“

„So werde ich Saida auftragen, den Fluch aufzuheben!“ entschied der Kalif und schrieb einen Brief, den er versiegelte und Abdallah mit den Worten überreichte: „Befreie deine Brüder von den Ketten und schlage sie nicht mehr. Und wenn Saida erscheint, so fürchte nichts, gib ihr nur diesen Brief...“

Abdallah gab dem Kalifen noch ein Stück das Geleit und wußte nicht, wie er ihm danken sollte. Dann kehrte er in sein Haus zurück, nahm den Hunden die Ketten ab und ließ für sich und für sie eine Festtafel decken.

Die Diener und Wachen meinten, ihr Herr habe den Verstand verloren, da er mit

unreinen Tieren an einem Tisch saß, und sie rührten auch die Speisen nicht an, die übrigblieben. Abdallah aber tat, als bemerke er ihre Empörung nicht, und ließ den Brüdern ein Lager aufschlagen neben dem seinen.

Indem tat sich die Erde auf, und ihr entstieg die Dschinnijah Saida.

„Warum hast du den Hunden die Ketten abgenommen? Warum behandelst du sie mit allen Ehren, statt sie zu schlagen, wie ich dir aufgetragen? Willst du, daß ich auch dich in einen Hund verwandle?" rief sie zornig, und ihre Augen sprühten Funken.

Abdallah ibn Fadil reichte ihr den Brief des Harun ar-Raschid, und sie las ihn.

„Ich bin die Tochter des Königs der Dschinn, und ohne dessen Einverständnis kann ich in dieser Sache nichts entscheiden", sprach sie dann. „Warte hier, ich werde mich mit ihm beraten, und du sollst bald erfahren, wie er entschieden hat."

Nach diesen Worten verschwand Saida, und als sie wieder erschien, teilte sie Abdallah ibn Fadil mit: „Es geschehe nach deinem Willen, denn der Herrscher der Gläubigen will es so, und er hat auch über uns große Macht. Aber ich warne dich: Sei auf der Hut vor deinen Brüdern, denn sie sind Verräter, und es wird dich nichts Gutes erwarten."

Dann goß sie etwas Wasser in eine Schüssel, sprach eine Zauberformel und besprengte die Hunde mit dem Wasser.

In dem Augenblick standen Mansur und Nasir wieder in Menschengestalt da, jung und hübsch wie ehedem. Lachend und weinend umarmten sie den Bruder, und in der allgemeinen Freude bemerkten sie gar nicht, wie Saida verschwand. Sie aßen und tranken bis zum Morgen und reisten dann alle drei zu Harun ar-Raschid.

Der Kalif nahm die beiden Sünder gnädig auf und beschenkte sie reich, nicht ohne sie jedoch vorher für ihre früheren Missetaten zu rügen.

So konnten Mansur und Nasir nach zwölf Jahren wieder wie Menschen leben. Abdallah machte sie zu seinen Gehilfen, schenkte ihnen prächtige Häuser und gab ihnen schöne Mädchen zur Frau, und sein gutmütiges Herz hatte längst allen Groll vergessen.

Auch die Brüder gaben sich Abdallah gegenüber liebevoll und freundlich, in ihren Herzen aber trugen sie Haß und Neid. Sie konnten nicht überwinden, daß Abdallah Emir von Basra war und die Menschen ihn feierten und achteten, ihnen aber nicht gleiche Ehren erwiesen. Sie wollten sich seiner entledigen, denn dann, so sagten sie sich, könnten sie Harun ar-Raschid um die Herrschaft über die Emirate Basra und Kufa bitten, in die sie sich teilen wollten.

Um ihren bösen Plan in die Tat umzusetzen, luden sie Abdallah in Mansurs Haus ein, das sich direkt über dem Fluß erhob und wo sie viele berauschende Getränke bereitgestellt hatten.

Abdallah, der nichts Böses ahnte, folgte der Einladung mit Freuden. Die Brüder unterhielten ihn mit lustigen Geschichten und schenkten ihm immer wieder den Becher voll, hielten sich selbst aber im Trinken zurück.

Zu später Stunde fiel Abdallah neben den Brüdern in tiefen Schlaf. Die aber schliefen nicht. Sie waren überwach, und als sie seine regelmäßigen Atemzüge hörten, stürzten sie sich auf den Wehrlosen und würgten ihn so lange, bis sie glaubten, daß er für immer genug habe. Dann trugen sie den leblosen Körper auf die Terrasse und warfen ihn in den Fluß.

Gleich am nächsten Morgen begaben sich die beiden Verbrecher zu Harun ar-Raschid, warfen sich vor ihm auf die Knie und berichteten, falsche Tränen vergießend und bitteres Leid vortäuschend, die Dschinnijah Saida hätte aus Ärger über Abdallahs Ungehorsam ihren Bruder von dieser Welt getragen.

Sie hatten aber nicht mit des Kalifen Klugheit und Weitsicht gerechnet. Harun ar-Raschid, der ihnen in seiner Menschenkenntnis nicht so recht traute, berief sogleich Saida zu sich, um von ihr die Wahrheit zu erfahren.

Und die Tochter des Königs der Dschinn rief, als sie hörte, was geschehen war: „O Herrscher der Gläubigen! Habe ich dich nicht gewarnt vor diesen beiden? Nun siehst du, wie recht ich hatte mit meinem Urteil über diese Elenden! Sie selbst haben ihren Brüder erwürgt und ihn dann in den Fluß geworfen, auf daß sich das Wasser für immer schließe über ihm und ihrem Verbrechen. Zum Glück war Abdallah nicht tot, sondern nur bewußtlos. Deshalb verwandelte ich mich in einen großen Fisch,

nahm ihn auf und trug ihn ans andere Ufer, wo er jetzt seiner Genesung entgegengeht."

Grimmiger Zorn packte Harun ar-Raschid, und er sprach auf der Stelle das Urteil über die ruchlosen Mörder: Er ließ Mansur und Nasir bei lebendigem Leibe vor Abdallahs Palast auf Bretter nageln.

Und was geschah unterdessen mit Abdallah?

Als er am anderen Ufer wieder zu sich kam, war es bereits heller Tag. Er schaute sich um, sah aber nirgends ein lebendiges Wesen, nur eine weite Sandfläche ringsum.

Schon wollte er verzweifeln, denn er war viel zu schwach, um selbst von hier wegzukommen, da sah er aus der Ferne eine Karawane nahen. Die nahm sich dann auch des Hilflosen an, und der Karawanenführer, der sich auskannte in der Heilkunde, pflegte und umsorgte ihn den ganzen Weg über.

Mit der Karawane gelangte Abdallah bis ins Perserreich, doch noch immer war er nicht voll bei Kräften. Sie kehrten in einem Chan am Wege ein, und dort hörte Abdallah von einer frommen und weisen Frau, die in einer nahen Einsiedelei lebte und in der Heilkunst so bewandert war, daß die Kranken von nah und fern zu ihr kamen und bei ihr Genesung fanden und Hilfe.

Da beschloß er, die Frau aufzusuchen, vielleicht würde sie auch ihn wieder ganz gesund machen können. Es war nicht weit bis zu der Einsiedelei, und bald stand er davor und wollte anklopfen. Doch wie groß war seine Überraschung, als ihn in dem Augenblick eine wohlbekannte Stimme aufforderte: „Tritt nur ein, Abdallah, ich warte ja schon so lange auf dich!"

Es war Radschiha, der Trost seiner Augen und die Liebe seines Herzens, die er einst aus der steinernen Stadt heimgeführt hatte!

Viel hatten sich die beiden zu erzählen! So erfuhr Abdallah, wie der fromme Pilger al-Chidr Radschiha aus dem Meer gerettet und sie dann alle möglichen Krankheiten zu heilen gelehrt hatte. Und er hatte ihr auch das Wiedersehen mit dem Gatten vorausgesagt.

Abdallah genas auf der Stelle, und mit al-Chidrs Hilfe gelangten sie auch bald nach Basra zurück. Dort erfuhren sie, welch gerechte Strafe die verräterischen Brüder ereilt hatte. Der Kalif selbst setzte dann den Ehevertrag auf, und sie trennten sich nicht mehr und lebten glücklich und zufrieden, bis der kam, der die Freuden schweigen heißt und alle Bande zerreißt.

# *Die Geschichte von der Katze und der Maus*

Es war ein kaltes, unwirtliches Wetter, aber Kater Hinz hatte solchen Hunger, daß er schließlich seine warme Ruhestatt verließ, um irgend etwas zu erjagen.

Es goß in Strömen: Kein einziger Vogel ließ sich hören; die Mäuse waren wie vom Erdboden verschwunden, und nicht einmal eine Fliege wollte sich zeigen. So strich der Kater denn, halberfroren und zitternd, vergebens durch Feld und Wald, bis er sich vor Schwäche kaum noch auf den Beinen halten konnte und sein Fell naß war wie ein Schwamm.

Als er schon nicht mehr aus und ein wußte und glaubte, vor Hunger und Schwäche alle viere von sich strecken zu müssen, da entdeckte er zwischen den Wurzeln einer hohen Eiche ein Mauseloch. Er schaute ungläubig hinein und sah drinnen eine Maus, die hatte ihm das Hinterteil zugekehrt und scharrte aus aller Kraft mit den Hinterbeinen Erde vor den Eingang, damit der ungebetene Gast nicht hereinkönne.

„Ich will dir ja nichts tun!" schnurrte Kater Hinz mit schwacher Stimme. „Laß mich doch ein, ich will mich nur bei dir aufwärmen."

Die Maus hielt im Scharren ein, aber ihre Antwort klang ganz und gar nicht freundlich: „Wie könnte ich mit meinem Todfeind unter einem Dach sein? Es heißt doch, man soll dem Feuer kein Holz anvertrauen und dem Dieb kein Geld. Nein, nein, zwischen dir und mir besteht seit undenklicher Zeit Blutfeindschaft!"

„Wenn du mir verzeihst, so können wir Freunde werden, und ich werde dir nie wieder Leid zufügen", versprach der Kater. „Du weißt doch, wer einem anderen Geschöpf hilft, dem wird der Allmächtige seine Hilfe nicht versagen."

„Wie kann ich mich dir auf Gedeih und Verderb ausliefern?" überlegte die Maus laut. „Du bist ja hundertmal stärker als ich und könntest mich totbeißen, wann immer es dir gefällt..."

„Ach, wenn du nur wüßtest! Ich habe ja gar keine Kraft mehr dazu. Ich kann vor Schwäche keinen Schritt mehr tun, und wenn du mich nicht bald zu dir einläßt, so wird mich dieser schreckliche Regen bald umbringen, und dann hast du meinen Tod auf dem Gewissen. Der Allmächtige wird dir diese Sünde gewiß nicht verzeihen!"

Und der Kater jammerte so erbärmlich, daß es die Maus mit der Angst zu tun bekam. Denn steht nicht geschrieben, wer Hilfe von dem Allmächtigen erwartet, der muß auch seinem Feind Gutes tun?

So grub sie denn den Eingang frei und zog den Kater herein.

Der Kater lag reglos in ihrer Höhle und atmete kaum, und die Maus umsorgte ihn, wie sie nur konnte. Aber als sich der Kater ein wenig erholt hatte und zu Kräften gekommen war, da kroch er plötzlich zum Eingang und versperrte ihn mit seinem Körper. Dann packte er die Maus, die ja nun nicht mehr entfliehen konnte, mit seinen Krallen, und lachte sie aus: „Wie konntest du so dumm sein, deinem ärgsten Feind zu vertrauen? Ob soviel Dummheit verdienst du wirklich nichts anderes als den Tod!"

Und dann warf er sie hoch und fing sie wieder auf, nahm sie ins Maul und schüttelte sie, und die Maus piepste laut vor Schreck und Todesangst.

Ihr Jammern hörte ein Jagdhund, der gerade in der Nähe umherstrich. Er vermutete einen Fuchs in dem Bau, rannte herbei und zog den Kater am Schwanz heraus.

Der Kater ließ vor Schreck die Maus fahren, aber das half ihm auch nicht mehr: Der Hund biß ihn auf der Stelle tot.

Denn wer sich anderer erbarmt, der wird selbst Erbarmen finden, doch wer hart ist und grausam, den ereilt die gerechte Strafe.

# *Die Geschichte von Ali Baba und den vierzig Räubern*

In dem Land Churaran in Persien lebten einst zwei Brüder. Der ältere, Kasim, war reich und geizig, der jüngere, Ali Baba, hatte ein armes Mädchen zum Weib genommen, und da er zudem nicht zu wirtschaften verstand, war aus dem wenigen, was er besessen hatte, noch weniger geworden, und sein ganzes Hab und Gut bestand schließlich nur noch aus einem Dach über dem Kopf, einem Esel und einer schwarzen Sklavin namens Mardschana, einem jungen Mädchen von angenehmem Aussehen und klugem Verstand.

Was sollte Ali Baba tun? Nach langem Überlegen beschloß er endlich, auch Mardschana zu verkaufen. Die aber bat ihn: „Verkaufe mich nicht, Herr. Das bißchen Geld, das du für mich bekommst, wird dir bald durch die Finger geronnen sein, und dann bist du noch schlimmer dran als jetzt. Du solltest lieber mit dem Esel ins Gebirge gehen, um dort Brennholz zu hacken und es dann auf dem Markt zu verkaufen."

Diese Idee gefiel Ali Baba. Gleich am nächsten Morgen nahm er seine Axt und stieg mit dem Esel ins nahe Gebirge hinauf. Dort arbeitete er den ganzen Tag, lud das Holz auf den Esel, und der trug es dann in die Stadt auf den Basar, so daß am Abend ein paar Geldstücke in Ali Babas Beutel klimperten.

So verdiente sich denn Ali Baba von jenem Tag an solcherart den nötigsten Lebensunterhalt und hatte keine Sorgen mehr. Eines Tages, als er wieder beim Holzhacken war, stieg plötzlich in der Ferne eine Staubwolke auf, die sich schnell näherte und bald schon als eine ganze Schar Reiter auszumachen war, wild und gefährlich aussehende Burschen, mit Säbeln und Dolchen, daß einem angst und bange werden konnte.

Ali Baba trieb schnell seinen Esel ins Gebüsch und kletterte auf den nächsten Baum, dessen dichte Krone ihn vor den Blicken der wilden Kerle — es waren ihrer an die vierzig — versteckte.

Und gerade unter diesem Baum machten die Reiter halt, sprangen von den Pferden, warfen sich die Satteltaschen über die Schultern und lenkten ihre Schritte zu einer nahen Felswand, die von dichtem Gestrüpp verdeckt war.
Hier rief dann der eine von ihnen, der Kleidung und Gebaren nach ihr Anführer sein mußte: „Sesam, öffne dich!“ Im selben Augenblick tat sich in dem Felsen ein Tor auf, ließ die Reiter ein und schloß sich wieder hinter ihnen.

Nach einer Weile traten die Männer wieder aus dem Felsen heraus, und Ali Baba hatte Gelegenheit, sie genauer zu betrachten: Aus ihrem verwilderten Aussehen, den bärtigen Gesichtern und den finsteren, nichts Gutes verheißenden Blicken schloß er, daß es sich nur um die schlimme Räuberbande handeln konnte, die schon geraume Zeit in der Gegend ihr Unwesen trieb. Hier also hatten sie ihre Höhle, wo sie ihre Beute versteckten!

Die Räuber befestigten die nun leeren Satteltaschen an den Sätteln, saßen auf und waren ebenso plötzlich wieder verschwunden, wie sie gekommen waren.

Ali Baba atmete erleichtert auf. Aber statt sich nun schnell aus dem Staub zu machen, wollte er sich doch erst überzeugen, ob sich der Felsen auch auf sein Geheiß öffnen würde.

„Sesam, öffne dich!“ rief er, wie er es von dem Räuberhauptmann gehört hatte. Und siehe da, das Tor tat sich lautlos auf, und er schritt hinein. In der Höhle gingen ihm schier die Augen über ob all der Schätze, die die Räuber hier angehäuft hatten: ganze Berge von Goldstücken, Edelsteine, groß wie eine Faust, Stoffe aus Indien und China, Perlen wie Sand am Meer... Ali Baba schritt die ganze Höhle ab und staunte immer mehr. Ach, von solchen Schätzen hatte er ja nicht einmal zu träumen gewagt! Doch die Angst vor den Räubern ernüchterte ihn bald wieder, konnten sie doch jeden Augenblick zurückkommen; und wenn sie ihn hier fanden, so war es um ihn geschehn.

Schnell nahm er so viel Beutel mit Goldstücken, wie er nur tragen konnte, und gebot dem Felsen: „Sesam, öffne dich!“

Draußen lud er die Geldbeutel auf den Esel und packte noch eine Schicht Brennholz darüber, damit niemand seine kostbare Last entdecken konnte. Dann eilte er nach Hause, wobei er hoffte, daß die Räuber gewiß nichts bemerken und ihn nicht verfolgen würden.

Zu Hause verriegelte er die Tür, um sicher zu sein, daß nicht zufällig jemand hereinkam, und schüttete dann vor den staunenden Augen seiner Frau die Geldbeutel auf den Fußboden aus, daß es nur so klimperte. Die Frau war außer sich vor Freude aber auch vor Angst. Erst als ihr Ali Baba versicherte, den Räubern einen so geringen Teil ihrer Beute genommen zu haben, daß sie bestimmt nichts merken würden, beruhigte sie sich und machte sich daran, die Dinare zu zählen.

„Auf diese Weise bist du bis heute abend noch nicht fertig", meinte Ali Baba. „Und wir müssen das Geld doch noch verstecken. Das beste wird sein, wir vergraben es im Garten."

Weil die Frau aber unbedingt wissen wollte, wie reich sie eigentlich seien, lief sie schnell zur Frau des reichen Kasim, um sich von ihr ein Scheffelmaß zu borgen.

‚Was für Korn die armen Hungerleider wohl messen wollen?' dachte Kasims Frau bei sich, als die Schwägerin ihr Anliegen vorbrachte. Und vor lauter Neugier tropfte sie heimlich etwas Wachs auf den Boden des Maßes, ehe sie es ihr gab.

Während Ali Baba im Garten eine Grube aushob, maß seine Frau volle zehn Scheffel Golddinare; dann vergruben sie das Geld gemeinsam im Garten.

Noch am gleichen Tag bekam Kasims Frau ihr Maß zurück. Sie drehte es um, und siehe da, in dem Wachs war ein Goldstück klebengeblieben.

„So ist das also!" rief sie und rannte sofort zu ihrem Mann. „Dein Bruder tut, als sei er Wunder wie arm, und in Wirklichkeit mißt er das Gold mit einem Scheffelmaß!"

Kasim, der schon von jeher von Geiz, Habgier und Neid besessen war, konnte in dieser Nacht kein Auge zutun und wälzte sich unruhig hin und her. Und er wußte, daß er nicht eher wieder Schlaf finden würde, bis er nicht herausgebracht hatte, wo sein Bruder das Geld her hatte.

Gleich nach dem Morgengebet klopfte er deshalb an Ali Babas Tür. Ali Baba empfing den älteren Bruder freundlich und mit der gebührenden Achtung, der aber legte gleich los und schimpfte ihn einen Heuchler und Lügner, der seine Armut nur vortäusche. „Ich weiß, daß du das Gold mit einem Scheffelmaß messen mußt, wenn du wissen willst, wieviel du überhaupt besitzt. Hier ist der Bewis!" Und er fuchtelte ihm mit dem Dinar, den seine Frau aus dem Wachs im Maß geklaubt hatte, vorm Gesicht herum. „Entweder du sagst mir auf der Stelle, wo du das Geld her hast, oder ich zeige dich beim Richter an!"

„Ich will dir gern alles erklären, Bruder", sagte Ali Baba, der keinen anderen Ausweg wußte. Und er berichtete wahrheitsgemäß, was er am Vortage erlebt hatte. Ja, auf Kasims Drängen beschrieb er ihm sogar genau den Weg zu der Räuberhöhle.

„Aber ich rate dir nicht, das Schicksal herauszufordern und dorthin zu gehen", warnte er. „Lieber will ich alles mit dir teilen, als daß ich dich in Gefahr weiß, den grausamen Räubern in die Hände zu fallen."

Doch Kasim lachte ihn lauthals aus: „Ja glaubst du denn im Ernst, daß ich mir die Gelegenheit entgehen lasse, hundertmal reicher zu werden, du Dummkopf?"

Mit diesen Worten lief er davon und hatte nichts eiligeres zu tun, als in der Stadt alle Esel und Maultiere zu kaufen, deren er habhaft werden konnte, so daß die Leute schon meinten, er wolle die Eseltreiber um ihr Gewerbe bringen.

Auch in dieser Nacht konnte er vor Aufregung keine Minute schlafen. Gleich im Morgengrauen zog er mit seiner ganzen Karawane ins Gebirge und hatte bald den Felsen gefunden, den Ali Baba ihm beschrieben hatte.

„Sesam, öffne dich!" rief er, und das Tor tat sich wirklich auf und ließ ihn ein. Als er sich in der Höhle umschaute und sah, wieviel hier herumlag, war er froh, so viele Esel gekauft zu haben, denn nicht einmal die würden alles auf einmal wegschaffen können. Doch was zuerst nehmen? Wie besessen legte er Säcke voll

Gold und Edelsteine am Eingang bereit, schleppte ganze Truhen herbei, Lampen, kostbare Stoffe. In seiner Gier und Besessenheit vergaß er die ganze Welt um sich, raffte und raffte. Endlich meinte er, daß es für heute genug sei und an der Zeit, alles hinauszuschaffen und auf die Tiere zu laden.

Doch o weh, wie er die ganze Zeit nur an den Reichtum gedacht hatte, war ihm der Name des Felsens entfallen. Er wußte nur noch, daß es irgendein Korn war und probierte alle durch, die ihm einfielen: „Hafer, öffne dich!“ Dann: „Gerste, öffne dich! Weizen, öffne dich!“

Er nannte eine Kornfrucht nach der anderen, nur auf die eine kam er nicht — Sesam.

Der Felsen blieb geschlossen, und Kasim begann verzweifelt um Hilfe zu schreien. Zu spät bereute er, nicht auf den Bruder gehört zu haben.

Noch größer wurde sein Entsetzen, als er von draußen Hufschläge hörte. Die Räuber waren zurückgekommen. Sie entdeckten vor der Höhle die Maultiere und errieten natürlich sofort, was los war.

„Sesam, öffne dich!“ befahl der Räuberhauptmann grimmig. Der Felsen tat sich auf, und Kasim stürzte aus der Öffnung heraus, um sein Heil in der Flucht zu suchen. Aber er kam keine zwei Schritte weit, da streckten ihn die Räuber mit ihren Messern nieder und zerrten dann den Leichnam ins Innere der Höhle, direkt neben den Eingang, als Abschreckung für jeden, der den Versuch wagen sollte, es ihm nachzutun.

Dann trieben sie die Maultiere auseinander, trugen die Schätze an ihren Ort zurück und fügten ihnen die neue Beute zu.

Bald darauf zeugte nur noch eine sich entfernende Staubwolke davon, daß die Räuber hier gewesen waren, und als diese sich gelegt hatte, war die Gegend so menschenleer und verlassen wie zuvor.

Zwei Tage wartete Ali Baba auf die Rückkehr seines Bruder, und je länger er wartete, um so größer wurde seine Befürchtung, die Räuber könnten Kasim bei der Höhle überrascht haben. Als der Vermißte auch am dritten Tag nicht heimkehrte, wurde seine böse Ahnung fast zur Gewißheit, und schließlich hielt es ihn nicht länger, und er machte sich auf zu der Räuberhöhle. Er schlich sich vorsichtig an, jedes Knacken eines Zweiges vermeidend, aber die Stille ringsum gab ihm schließlich Sicherheit.

„Sesam, öffne dich!“ rief er die Zauberformel.

Ach, welch Grauen! Direkt am Eingang der Höhle lag der blutige Leichnam des Bruders als Beweis dafür, daß die Räuber nicht mit sich spaßen ließen.

Ali Baba packte den toten Kasim auf seinen Esel, um ihn wenigstens in Ehren zu begraben, und zog auf Umwegen nach Hause, denn er wollte niemandem begegnen.

Auch zu Hause verließ ihn die Angst nicht, die Räuber könnten, sobald sie das Verschwinden des Leichnams bemerkten, seine Spur verfolgen und sich grausam rächen. In seiner Not vertraute er sich seiner klugen Sklavin Mardschana an.

„Das ist wirklich eine schlimme Sache, Herr", sagte das Mädchen. „Du darfst niemandem auch nur ein Sterbenswörtchen verraten. Am besten läßt du verlauten, Kasim sei an einer bösen Krankheit verstorben. Und um noch sicherer zu sein, machst du deine Schwägerin zu deiner zweiten Frau, und wir ziehen alle in das Haus deines Bruders."

Ali Baba befolgte Mardschanas Rat aufs Wort. Er ließ sich in der Stadt nieder, übernahm das Geschäft seines Bruders und war mit einem Schlag ein wohlhabender Mann.

Doch auch die Räuber waren nicht untätig geblieben. Daß der Leichnam verschwunden war, bewies, daß es noch jemanden gab, der nicht nur ihr Versteck, sondern auch die Öffnungsformel kannte. Da zerstreuten sie sich über die ganze Gegend, um dem ungerufenen Eindringling auf die Spur zu kommen. Der tapferste von ihnen aber übernahm die schwierigste Aufgabe: in der Stadt nachzuforschen, die ja der Höhle am nächsten lag. Der Hauptmann riet ihm, sich als Kaufmann zu verkleiden, um in der Stadt kein Aufsehen zu erregen, wenn er geschickt die Leute ausfragen wollte. Dieser Räuber galt als besonders listig, und er brachte auch wirklich bald in Erfahrung, wer in letzter Zeit gestorben war und wer es unerwartet zu Reichtum gebracht hatte. Mehr brauchte er nicht zu wissen.

Als er vor Ali Babas Haus stand, um es sich genau einzuprägen, bemerkte er, daß alle Häuser in dieser Straße einander glichen wie ein Ei dem anderen. Deshalb malte er, um es in der Nacht wiederzufinden, heimlich mit Kreide ein Kreuz an die Tür und eilte dann zu seinem Hauptmann zurück, diesem zu berichten, wie geschickt er alles eingefädelt hatte.

Mardschana aber war noch gewitzter als der Räuber. Zwar verdächtigte sie, als sie das Kreuz bemerkte, die Gassenjungen; aber sicherheitshalber nahm sie doch lieber ein Stück Kreide und malte an alle Haustüren in der Straße ein gleiches Kreuz.

In der Dämmerung zogen die Räuber los, Ali Babas Haus zu überfallen. Ihre scharfen Säbel und Messer versteckten sie unter Kaufmannskleidern und begaben sich derart verkleidet in die Stadt. Das Haus aber konnten sie nicht finden, denn alle Häuser in der Straße trugen das gleiche Kreidekreuz, und so mußten sie unverrichteterdinge wieder abziehen.

In der Räuberhöhle saßen sie dann zu Gericht über den Kundschafter, der sich derart hatte überlisten lassen.

„Er soll nach unserem Brauch gerichtet werden“, sagte der Räuberhauptmann, und die übrigen Räuber stimmten ihm zu. Auch der Betroffene selbst, denn er wußte, daß er mit solcher Schande nicht länger unter den Räubern leben konnte. Er trat tapfer vor den Räuberhauptmann, und dieser schlug ihm mit einem einzigen Streich den Kopf ab. Denn seit eh und je war es bei den Räubern ungeschriebenes Gesetz, daß, wer versagte, sein Leben verwirkt hatte.

Dann meldete sich Ahmed, der Stärkste der Bande, zu Wort: „Tapfere Männer! Nur ich bin geschaffen, einen solchen Auftrag auszuführen. Und wenn ich euch nicht an die richtige Stelle führe, so möge mich das gleiche Schicksal ereilen wie unseren Gefährten!“

„So ist es, Ahmed! Wenn es dir gelingt, so soll alle Beute aus dem Haus dir zufallen. Wenn nicht, verlierst du den Kopf!“ antwortete der Räuberhauptmann mit ernster Miene.

Doch auch Ahmed erging es nicht besser als seinem Vorgänger. Er fand zwar das

richtige Haus, schnitt sich in den Finger und machte mit einem Tropfen Blut an einer unauffälligen Stelle neben der Tür ein Zeichen, aber auch dieses entdeckte Mardschana am anderen Tage, als sie vom Markt zurückkam, wo sie gerade erst getötete Fische gekauft hatte. Dieses zweite Zeichen bewies ihr, daß es sich um keinen Zufall handeln konnte, und so versah sie alle Häuser in der Straße mit dem gleichen Zeichen. Nur daß sie sich dazu nicht erst in den Finger schnitt, sondern einfach Fischblut nahm.

Die Räuber kamen wieder vergeblich in die Stadt; Ahmed wurde einen Kopf kürzer, und der Räuberhauptmann schäumte vor Wut.

„Morgen gehe ich selbst in die Stadt, und mich wird niemand an der Nase herumführen! Ihr aber beschafft inzwischen zwanzig Maultiere und vierzig große Ölschläuche, von denen ihr aber nur zwei mit Öl füllen dürft. Und wehe, ihr macht etwas verkehrt, ihr Dummköpfe!“ fügte er noch drohend hinzu.

Die Räuber schlichen wie geprügelte Hunde auf ihr Lager und schliefen unruhig bis zum Morgen.

Dem Räuberhauptmann fiel es gar nicht erst ein, irgendein Zeichen zu machen. Als er vor Ali Babas Haus stand, zählte er einfach, das wievielte Haus in der Straße es war, und noch vor Einbruch der Dämmerung war er wieder bei seinen Gesellen im Gebirge.

Die hatten inzwischen alles ausgeführt, was er ihnen aufgetragen hatte. Neunzehn Maultiere standen mit leeren Ölschläuchen bereit, und nur das zwanzigste Tier trug zwei volle Schläuche.

„Nun hört mir gut zu!“ gebot der Hauptmann mit leiser Stimme. „Vor dem Stadttor kriecht jeder von euch in einen Schlauch und rührt sich nicht eher, als bis ich das Zeichen gebe!“

Es wurde Nacht. Im blassen Schein des Mondes zog der als Kaufmann verkleidete Räuberhauptmann mit der Maultierkarawane durch die Straße, in der Ali Baba wohnte. Er zählte die Häuser und klopfte an das richtige Tor.

„Wer verlangt so spät noch Einlaß?“ fragte eine Männerstimme von drinnen, und der Räuberhauptmann antwortete: „Ich bin ein fremder Kaufmann und komme von weither. Ich bin eben in eurer Stadt angekommen, und da alle Basare und Chans bereits geschlossen sind, möchte ich dich bitten, wenn es dir möglich ist, mich und meine Maultiere für diese Nacht bei dir aufzunehmen.“

Ali Baba öffnete und sah vor der Tür einen fremden Kaufmann mit müden Tieren stehen.

„Sei mir gegrüßt, Bruder, und fühle dich bei mir wie zu Hause“, sagte er und geleitete den Gast in die inneren Gemächer, nachdem er einem Diener aufgetragen hatte, sich um die Tiere zu kümmern.

Was konnte sich der Hauptmann mehr wünschen? Dem arglosen Ali Baba wäre nicht im Traum eingefallen, in ihm den blutrünstigen Feind zu vermuten, um so mehr, als der Gast ihm verschiedene Waren anbot, die er angeblich in der Stadt hatte verkaufen wollen.

Sie speisten, tranken und unterhielten sich, bis die Sklavin zu später Stunde die herabgebrannten Lampen mit Öl auffüllen wollte und im ganzen Haus keinen Tropfen mehr fand. Da fiel ihr ein, daß der fremde Kaufmann ja gerade ihrem Herrn Öl zum Kauf angeboten hatte und ihnen gewiß mit Freuden ein paar Liter ablassen würde. Sie nahm einen Krug und eilte damit auf den Hof hinab, wo die Schläuche, die der Diener den Maultieren abgenommen hatte, an einer Mauer lehnten...

Gerade wollte das Mädchen den ersten Schlauch aufbinden, da klang es hohl von drinnen: „Ist es schon an der Zeit, Hauptmann?"

Jede andere Sklavin wäre vor Schreck in Ohnmacht gefallen, nicht aber Mardschana, die sogleich erriet, was für ein Vogel da in dem prallen Schlauch steckte. Geistesgegenwärtig flüsterte sie mit verstellter Stimme: „Noch nicht, warte noch ein Weilchen!"

Dann ging sie von Schlauch zu Schlauch. Überall wiederholte sich das gleiche Spiel, und als sie an das Ende der Reihe kam, hatte sie achtunddreißig Räuber gezählt.

Erst in den letzten beiden Schläuchen fand sie tatsächlich Öl, und das gab ihr einen rettenden Einfall ein: Sie trug aus der Küche einen großen Kessel herbei, ließ das Öl aus den Schläuchen hinein und machte Feuer unter dem Kessel. Nun schürte sie das Feuer so lange, bis das Öl zu kochen begann, und groß dann das siedende Öl in die Schläuche, den Räubern direkt auf den Kopf, so daß die Banditen, die so lange die ganze Umgebung in Angst und Schrecken versetzt hatten, jämmerlich umkamen.

Nachdem sie derart die Räuber unschädlich gemacht hatte, ging sie, als sei nichts geschehen, wieder ins Haus zurück, füllte die Lampen auf, legte ein Tanzkleid an und trat, begleitet von dem Diener Abdallah, der eine Trommel in der Hand hielt, wieder in den Saal.

Ali Baba bewunderte ihren Einfallsreichtum und sagte zu seinem Gast: „Diese Sklavin ist wirklich eine Perle, Herr. Sie ist nicht nur eine vorzügliche Dienerin, sondern auch die anmutigste Tänzerin, die ich je gesehen habe. Und zudem ist sie außerordentlich klug; denn eine andere wäre wohl kaum von allein auf den lobenswerten Gedanken gekommen, unser Wohlbehagen noch zu vergrößern durch den Anblick ihres Tanzes."

Der Hauptmann nickte nur, geschickt seine Wut und Ungeduld verbergend. Er sehnte den Augenblick der Rache herbei — und nun mußte er noch länger warten!

Abdallah rührte die Trommel, und Mardschana wiegte sich im Tanz. Sie bewegte sich so leicht und anmutig, als ob ihre Füße kaum den Boden berührten, und ihr jugendliches Antlitz strahlte dabei wie eine eben erblühte Blume im Frühjahr.

Der Tanz war beendet. Das Mädchen nahm Abdallah die Trommel aus der Hand und verneigte sich vor Ali Baba, eine Belohnung von ihm heischend. Sie erhielt einen Dinar und trat nun vor den falschen Kaufmann mit dem gleichen Begehren.

Auch der Räuberhauptmann wollte einen Dinar aus seinem Brusttuch ziehen und enthüllte dabei ungewollt den Dolch, den er dort griffbereit aufbewahrte.

Da riß Mardschana den Dolch an sich und stieß ihn dem Bösewicht direkt ins Herz, so daß der auf der Stelle seine schwarze Seele aushauchte.

„Du Unglückselige! Was hast du getan!“ rief Ali Baba entrüstet. „Du wirst der gerechten Strafe nicht entgehen!“

„Beruhige dich, mein Herr“, erwiderte die Sklavin ruhig. „Dieser Mann war kein fremder Kaufmann, sondern der Anführer der schlimmen Räuberbande, die dir ans Leben wollte. Komm mit, und überzeuge dich selbst!“

Und sie führte ihn auf den Hof zu den Schläuchen, in denen zu Ali Babas Entsetzen kein Öl war, sondern achtunddreißig tote Räuber. Und dann erzählte sie ihm auch, wie sie die Zeichen gefunden und die Räuber zweimal getäuscht hatte.

Ali Baba konnte die Klugheit seiner Sklavin nicht genug loben, und zum Zeichen seiner Dankbarkeit entließ er Mardschana aus der Sklaverei und vermählte sie mit seinem Sohn, hatte er doch schon lange bemerkt, daß sich die beiden jungen Leute nicht gleichgültig waren. Und eine klügere und treuere Schwiegertochter konnte er ja auch kaum bekommen.

Eines allerdings wußte auch Mardschana nicht zu sagen: wo die beiden fehlenden Räuber geblieben waren. Ali Baba hatte damals vor der Höhle ohne den Räuberhauptmann vierzig gezählt, und in den Schläuchen waren nur achtunddreißig gewesen. Sie konnte ja nicht wissen, daß der Hauptmann diese beiden eigenhändig vom Leben in den Tod befördert hatte.

Ein ganzes Jahr lang wagte sich deshalb Ali Baba nicht in die Höhle, und erst, als er sich überzeugt hatte, daß die ganze Zeit über kein Mensch dort aufgetaucht war, fand er seine Ruhe wieder.

Bis zum Ende seiner Tage lebte er dann in Zufriedenheit und Wohlstand, aus der Räuberhöhle immer nur so viel holend, wie sie brauchten. Und Zeit seines Lebens war Mardschana die einzige, die von dem Geheimnis wußte, denn Ali Baba hatte nur zu gut erkannt, was Neid und Habgier anrichten können.

# *Die Geschichte von Mohammed Faulpelz*

Es geschah zu Zeiten des Kalifen Harun ar-Raschid, des ruhmreichsten Fürsten aller Gläubigen, daß sich dessen Gemahlin Zubaida eine neue Krone aus Gold und Edelsteinen machen ließ.

Die Goldschmiede und Juweliere fertigten ein Kunstwerk an, wie es nicht seinesgleichen hatte in jener Zeit: Die Krone strahlte in den verschiedenen Goldtönen und glitzerte in allen Farben der kunstvoll eingesetzten Rubine, Türkise, Smaragde, Topase und Perlen. Nur an der Spitze fehlte noch etwas; denn in allen

Schatzkammern des Kalifen hatte man keinen Diamanten gefunden, der groß genug gewesen wäre, die Spitze der Krone zu schmücken.

Der Kalif ließ im ganzen Land nach einem solchen Stein suchen, und lange waren seine Boten vergeblich unterwegs, bis eines Tages der Wesir Dschafar seinen Herrn mit folgender Nachricht überraschte: „Im fernen Basra lebt ein Mann, Mohammed Faulpelz genannt. Er ist der einzige, der einen solchen Diamanten sein eigen nennen könnte, denn sein Reichtum übersteigt alle Vorstellungen gewöhnlicher Sterblicher..."

„Ich habe noch nie von ihm gehört", verwunderte sich Harun ar-Raschid. „Reise sofort zu ihm und bitte ihn, mir den Edelstein, so er ihn besitzt, zu bringen!"

Der Wesir folgte sogleich dem Befehl seines Herrn und reiste noch am gleichen Tag von Bagdad nach Basra ab, wo es nicht schwer war, das Haus des Mohammed zu finden; denn es war der prächtigste Palast in der ganzen Stadt.

Mohammed Faulpelz empfing den Wesir mit allen Ehren und ließ es sich nicht nehmen, ihn vor seiner Rückreise derart königlich zu bewirten, daß dieses Mahl alles übertraf, was der Wesir je am Hofe des Kalifen erlebt hatte.

Und nicht nur das: Alles in diesem Palast — von den goldbestickten Kissen bis zu den Marmorbassins des Bades — übertraf alles bisher Gesehene.

Mohammed Faulpelz lächelte nur, als er in den Augen seiner Gäste die Bewunderung las, und ließ, während der Wesir der Ruhe pflegte, ganze Truhen mit Edelsteinen auf seine Maultiere laden, mit denen er zu dem Kalifen nach Baghdad reiten wollte.

Indes wurde Harun ar-Raschid von Ungeduld und Neugier geplagt, denn die Neugier war nun einmal seine schwache Seite. Würde der unbekannte Reiche wirklich den gewünschten Edelstein bringen? Und wie war er überhaupt zu solchem Reichtum gekommen? Solche und ähnliche Gedanken beschatteten die sonst so klare Stirn des Herrschers, bis der Zug schließlich zum Tor des Palastes einzog.

Und da stand auch schon Mohammed Faulpelz vor dem Fürsten der Gläubigen, erwies diesem die gebührende Ehrerbietung und befahl, die Truhen, die er mit sich führte, hereinzutragen. Harun ar-Raschid wollte seinen Augen nicht trauen: Nicht nur ein Stein, sondern Dutzende von kunstvoll geschliffenen Diamanten, Saphiren und Rubinen hatten die erforderliche Größe.

„Jeder dieser Edelsteine ist königlich", sagte Mohammed Faulpelz. „Ich selbst bin ein einfacher Mensch, unwürdig solcher Kostbarkeiten, und es wäre mir eine große Ehre, wenn du sie als Geschenk von mir annehmen würdest."

Diese Worte zerstreuten alle Zweifel des Kalifen. Er lud den reichen Gast in seinen Palast, nahm sich persönlich seiner an und überhäufte ihn mit seiner Gunst.

Erst am Abend, als die Nacht das Licht der Sonne verdrängt hatte und die Zeit

gekommen war zum Erzählen, fragte der Kalif Mohammed: „Dein Name ist ebenso ungewöhnlich wie dein Reichtum. So sage mir denn, wie du zu beiden gekommen bist.“

„Gern will ich dir meine Geschichte erzählen, o Fürst der Gläubigen“, erwiderte der Gast. „Gehört sie doch zu jenen Begebenheiten, denen man mit Freuden lauscht.

Wisse, mein Vater war ein einfacher Schröpfer in einem Badehaus. Das aber hinderte mich nicht, schon von kleinauf der faulste Faulpelz im ganzen Lande zu sein. Meine Mutter mußte mich füttern und anziehen, und ich war so faul, daß ich lieber entspannt in der brennenden Mittagssonne liegenblieb, statt mich in den Schatten der Bäume zu begeben.

So ging es bis zu meinem fünfzehnten Jahr, als der Vater starb und für uns schlimme Zeiten anbrachen. Meine Mutter wirtschaftete so sparsam sie konnte, aber dank meiner unbeschreiblichen Faulheit hatten wir bald nicht mal mehr ein eigenes Dach über dem Kopf, und unser ganzer Besitz bestand nur noch aus fünf Silberdirhamen.

An jenem Tage sollte gerade das Schiff des Scheichs Muzaffar in See stechen, und meine Mutter, die sich keinen Rat mehr wußte, sprach zu mir: ‚Steh auf, Mohammed Faulpelz, nimm diese fünf Silberdirhame und bringe sie dem Scheich, auf daß er dir in der Welt etwas dafür kauft; vielleicht wird dir das mit des Allmächtigen Hilfe Gewinn bringen.‘

Sonst hätte ich mich nur unwillig auf die Seite gedreht, aber diesmal sagte ich: ‚Also gut, ziehe mir die Schuhe an, Mutter, damit ich tun kann, wie du mir geheißen!‘

Sie zog mir das letzte Hemd an und das einzige Paar Schuhe und half mir auf die Beine. Ich war so faul und dick, daß sie mich den ganzen Weg zum Hafen stützen mußte und die Kunde davon, daß Mohammed Faulpelz aufgestanden sei und mit fünf Silberdirhamen auf dem Wege zu ihm sei, den Scheich lange vor mir erreichte.

Deshalb kam er mir auch entgegen, und nachdem ich ihm das Geld ausgehändigt hatte, sagte er: ‚Du hast eine gute Entscheidung getroffen, Mohammed Faulpelz, denn Geld soll man vermehren, nicht verzehren. Nur so wird es das sein, was es sein soll — das schwerste Gewicht auf der Waage der Würde, Gerechtigkeit, Schönheit und der Verdienste dieser Welt...‘

Dann ging er davon; ich aber merkte mir seine Worte wohl und hielt mich von jener Zeit an sie.

Inzwischen reiste der Scheich bis nach China, wo er und seine Begleiter ihre Einkäufe und Verkäufe tätigten mit großem Gewinn. Aber an meine fünf Dirhame dachte er erst wieder, als das Schiff bereits den Ozean durchpflügte.

Der Scheich wollte gleich anhalten lassen und zurückfahren, doch die übrigen

Kaufleute überredeten ihn, dies bleiben zu lassen. Lieber wollten sie von ihrem Gewinn etwas zu meinen fünf Dirhamen hinzufügen. Das war der Anfang meines Reichtums.

Der Scheich Muzaffar suchte aber dennoch Gelegenheit, sein Versprechen zu erfüllen und mein Geld irgendwie gewinnbringend anzulegen. Und bald fand er sie auch. Auf einer Insel, bei der sie vor Anker gingen, um Trinkwasser und Vorräte aufzunehmen, sah er einen Mann sitzen, der eine große Zahl von Affen bei sich hatte. Darunter war einer mit räudigem, struppigem Fell, dem spielten die anderen gar übel mit.

‚Was kostet denn das arme Tier?‘ fragte der Scheich.

‚Ganze fünf Silberdirhame, so billig bekommst du nirgends einen Affen‘, antwortete der Mann, und Muzaffar kaufte den Affen für meine fünf Silberdirhame.

Dann reisten sie weiter, und ein von hinten kommender Wind trug sie zu einer

Perlenfischerinsel. Die Perlenfischer kamen an Bord und sprangen vom Deck ins Wasser, um nach den Perlen zu tauchen. Der Affe beobachtete sie ein Weilchen vom Mast aus, und dann tat er es ihnen nach. Zur Überraschung aller brachte auch er Perlen herauf, und es waren die größten und schönsten von allen. Auch diese fügte Muzaffar meinem Besitz zu, denn es war ja mein Affe.

Das aber ist noch nicht das Ende der Geschichte. Als sie an der Insel Sansibar anlegten und an Land gingen, wurden sie von den schwarzen Kannibalen, die dort lebten, überfallen und gefesselt, und der dortige König verkündete den armen Gefangenen, sie sollten am nächsten Morgen geschlachtet und verzehrt werden. In Todesangst verbrachten die Kaufleute die Nacht, die ja die letzte ihres Lebens sein sollte. Da stand plötzlich mein Affe vor dem Scheich.

‚Hilf uns, befreie uns von den Fesseln', flüsterte Muzaffar. ‚Wenn dir das gelingt, erhält du von jedem von uns tausend Dinare!'

Der Affe nickte zum Zeichen des Einverständnisses und band geschickt und lautlos die Fesseln auf. Im Schutze der Dunkelheit flüchteten die Kaufleute auf ihr Schiff und legten schleunigst ab von dieser unwirtlichen Küste.

Von diesem Tag an verlief die Reise ohne weitere Vorkommnisse, und bald darauf wurde mir mitgeteilt, der Scheich Muzaffar erwarte mich im Hafen von Basra.

Diesmal mußte die Mutter mir nicht mehr auf die Beine helfen; ich lief los, getrieben von Neugier; aber die Reichtümer, die mir der Scheich aushändigte, übertrafen alle meine Erwartungen. Muzaffar gab mir außer dem Geld auch noch den Rat, einen Laden aufzumachen und Handel zu treiben.

Ich befolgte den Rat des guten Scheichs, und auch wenn mir der Name Faulpelz blieb, so war ich doch von Stunde an keinen Tag mehr untätig. Meine Geschäfte gingen gut, am meisten aber verdankte ich die Vermehrung meines Besitzes meinem Affen. Er verschwand nämlich jeden Tag um die Mittagsstunde, und wenn er wiederkam, legte er mir einen Beutel mit tausend Dinaren vor die Füße.

Einmal aber blieb er nach einem solchen Ausflug zu meinen Füßen sitzen, und als gerade niemand in der Nähe war, sprach er plötzlich mit menschlicher Stimme: ‚Mohammed Faulpelz, es ist an der Zeit, daß du die Wahrheit erfährst...'

Ich erschrak zu Tode und wäre am liebsten weggelaufen, aber der Affe hielt mich zurück.

‚Fürchte dich nicht und laufe nicht weg. Wisse, ich bin ein Dschinn, ein Marid, der einst schwer gesündigt hat wider das Menschengeschlecht. Als Buße wurde mir auferlegt, einen der Menschen zum Glück zu führen. Ich erwählte dich, und mein Auftrag nähert sich seinem Ende, denn es bleibt mir nur noch eines zu tun: dich glücklich zu vermählen.'

‚Und du weißt eine Braut für mich?'

‚Ja, sie ist wie ein tauglänzender Zweig in der Wüste und zudem von edlem Stande.‘

‚Und wer ist sie?‘

‚Die Tochter des vornehmsten Mannes in der Stadt, des Scharifs...‘

‚Aber ich bin ihr doch nie und nimmer ebenbürtig‘, wandte ich ein, obwohl mir der Gedanke, die Tochter des Scharifs zu heiraten, nicht übel gefiel.

‚Dein Adel ist dein Reichtum‘, erklärte der Affe. ‚Auch wenn der Scharif ein Nachkomme des Propheten ist, so wird er doch gern seine Abkunft mit deinem Besitz verbinden. Geh nur ruhig zu ihm und bitte ihn um die Hand seiner Tochter.‘

Der Marid hatte recht gehabt. Der Ehevertrag kostete mich tausend Dinare, und am zehnten Tag sollte die Hochzeit stattfinden.

Am Vorabend jenes Tages kam der Affe zu mir und sprach: ‚Mohammed, höre mich an: Morgen wird dein Glück vollkommen, und meine Strafe läuft ab. Damit ich aber wieder zu den Meinen zurück kann, mußt du mir eine Bitte erfüllen...‘

Ich versprach ihm ohne langes Überlegen, seinen Wunsch zu erfüllen, wenn es in meinen Kräften stand.

‚Wenn du morgen in das Brautgemach gehst, so öffne zuerst die kleine Kammer, die daneben liegt. Dort sitzt ein weißer Hahn, und den mußt du töten.‘

Am nächsten Morgen eilte ich in meinem schönsten Kleid zum Hause des Scharifs.

Zum ersten Mal sah ich die Braut, und ich war ob ihrer Schönheit über die Maßen entzückt. Mit Ungeduld erwartete ich den Abend, da ich mit ihr allein sein würde. Endlich waren die letzten Gäste gegangen, und da fiel mir auch wieder die Bitte des Affen ein. Ich öffnete die Tür zu der kleinen Kammer, wo wirklich ein weißer Hahn saß. Da nahm ich mein Messer und schnitt ihm den Kopf ab. Im gleichen Augenblick ertönte ein fürchterlicher Donnerschlag, als stürze die Erde ein, und ich verlor das Bewußtsein.

Als ich wieder zu mir kam, stand der Scharif über mir und sprach traurig: ‚Ach, was hast du Unglückseliger getan! Statt der Hochzeitsfreuden ist dir nun Kummer und Leid beschieden und mir auch. Der Hahn, den du getötet hast, war ein Talisman wider den bösen Mariden, der meiner Tochter schon lange nachstellt. Solange der Hahn sie beschützte, konnte der Unhold seine unreinen Hände nicht nach ihr ausstrecken, deshalb hat er dich als Werkzeug benutzt!‘

Ach, wie verfluchte ich nun meine Leichtgläubigkeit, aber das half mir auch nicht. Der Scharif jagte mich aus seinen Haus, und in meiner Verzweiflung lenkte ich meine Schritte irgendwohin in die Wüste.

Ich weiß nicht, wie lange und wo ich umherirrte, merkte nicht, wie Tag und Nacht einander abwechselten. Ich weiß nur, daß plötzlich, wie aus der Erde gewachsen, ein Schatten vor mir stand, so groß, daß er bis in den Himmel reichte, und daß dieser Schatten zu mir sprach: ‚Verzweifle nicht! Nicht nur das Gute, auch das Böse hat Feinde. Ich gehöre zu den gläubigen Dschinn, die dir stets gern helfen werden. Ich war es auch, der deiner Braut den Talisman zum Schutz gegen den bösen Marid gab. Der Verruchte hat sie in seine Kupferstadt getragen und hält sie dort gefangen. Wenn du willst, bringe ich dich noch diese Nacht dorthin.‘

Wie hätte ich das Angebot des guten Dschinn ausschlagen sollen?

Wir flogen mit unheimlicher Geschwindigkeit immer gen Osten, bis der Geist endlich seinen Flug verlangsamte und wieder zur Erde hinabflog. Genau vor den Mauern der Kupferstadt setzte er mich ab.

‚Hier sind die kupfernen Mauern, und hier muß ich dich auch verlassen‘, sagte er.

‚Du selbst mußt den Weg zu deiner Braut finden und auch, wie du sie befreien kannst.‘

Mit diesen Worten verschwand er, und ich sah ihn nie wieder.

Ich stand vor der kupfernen Mauer und suchte einen Eingang in die Stadt. Aber nirgends gab es ein Tor oder auch nur einen Spalt. Nur an einer Stelle floß ein schmaler, aber tiefer Bach in die Stadt hinein.

Ich sprang ins Wasser, tauchte und schwamm mit der Strömung, so schnell ich nur konnte. Und als ich wieder auftauchte, da befand ich mich in einem großen Garten, und direkt am Ufer saß meine Braut und weinte bitterlich.

Als sie mich erblickte, schrie sie auf vor Überraschung. Sie herzte und liebkoste mich, und dann verriet sie mir, wie ich sie retten konnte: ‚Der Marid hat mir, um sich großzutun und mir zu imponieren, seinen Talisman gezeigt. Er befindet sich im Kapitell einer Säule, die mitten im Garten steht. Wenn du dich seiner bemächtigst

und ihn über Moschusrauch hältst, werden dir alle Ifriten, die ihm untertan sind, zu Diensten sein.‘

Mehr brauchte ich nicht zu wissen. Ich kletterte schnell auf die Säule, nahm den Talisman aus dem hohlen Kapitell und hielt ihn über Moschusrauch. Da kamen von allen Seiten ganze Ifritenscharen, und ich befahl ihnen: ‚Fesselt den bösen Marid, und dann tragt alle Schätze der Kupferstadt zusammen!‘

O Fürst der Gläubigen, kein menschliches Auge hat je solche Schätze gesehen! Der ganze Garten war in Kürze voll von dem, was die Ifriten angeschleppt brachten. Und der Marid — jetzt wieder nur ein alter, räudiger Affe — geiferte vor Wut, denn ohne den Talisman war er machtlos.

Dann schafften die Ifriten mich und meine Braut und all die unermeßlichen Reichtümer nach Basra. Erst dort zerschmetterte ich den Talisman eigenhändig in tausend Stücke. Und als Stein auf Stein schlug, verflüchtigte sich der Marid wie eine Handvoll Staub im Wind…“

„Du hast deinen Reichtum verdient, Mohammed Faulpelz“, sprach der Kalif Harun ar-Raschid nach einer Weile des Schweigens. „Denn du hast es verstanden, der Gnade Gottes die Hand aufzuhalten, und dir von seinen Gaben keine einzige unter der Fingern zerrinnen lassen.“

# Die Geschichte von der listigen Dalila

Zu der Zeit, da Harun ar-Raschid als Kalif herrschte, kamen nicht nur tapfere und weise Männer zu Ehren und Ansehen, sondern auch solche, die es verstanden, durch Witz und List die Gunst des Fürsten der Gläubigen zu erlangen.

In der Stadt Bagdad wurde ein solcher Mann namens Hasan Schumad sogar zu

Haruns Wesir. Der kluge und weitsichtige Kalif wußte sehr gut, daß sein Wesir ein ausgemachter Schelm war, doch versprach er sich von dessen Gewandtheit Nutzen.

Weniger zufrieden waren allerdings die vielen anderen kleinen Betrüger, Gauner, Diebe, Hehler, Kuppler, Intriganten und Wucherer. Sie fürchteten den neuen Wesir, und vor allem beneideten sie ihn um sein hohes Amt.

Am meisten aber fraß der Neid am Herzen eines alten Bagdader Weibes, das überall als die listige Dalila bekannt war. Abend für Abend spie sie vor ihrer Tochter Zainab Gift und Galle, wie gut es jetzt Schumad im Dienste des Kalifen habe. Er stecke einen Monatslohn von tausend Dinaren ein, während sie vor einer halbleeren Schüssel Bohnen sitzen mußten.

„Ich kann das nicht länger mit ansehen", erklärte Dalila schließlich. „Gleich morgen soll ganz Bagdad erfahren, daß ich viel mehr kann als dieser Wesir! Ich ziehe los und werde mir an einem einzigen Tag tausend Dinare ergaunern!"

„Es ist auch höchste Zeit, daß du dem Kalifen unseren Namen in Erinnerung rufst", hetzte die Tochter sie noch auf. „Seit unser Vater, der einst so berühmte Stadthauptmann, gestorben ist, kräht kein Hahn mehr nach uns."

Am nächsten Tag legte Dalila das weiße Kleid eines frommen Derwischs an, verhüllte ihr Gesicht mit einem Halbschleier und ging also angetan in die Stadt. Sie zog durch die Straßen und rief wie in religiöser Verzückung laut Allah an.

Die Leute gaben ihr ehrfürchtig den Weg frei, wo immer sie erschien, bis sie zu einem prunkvollen Haus kam, das einem wohlhabenden Emir gehörte. Dalilas flinke Augen hatten schon von weitem in einem der Fenster eine junge Frau entdeckt, deren Kleid und Schmuck mindestens tausend Dinare gekostet haben mußten. Da stellte sie sich unter dem Fenster auf und betete ihre Litanei noch lauter.

Sie hatte sich nicht verrechnet. Kurz darauf trat der Türhüter zu ihr und sagte: „O du fromme Scheichijah, meine Herrin bittet dich, zu ihr hinaufzukommen."

Die Alte tat zunächst, als höre sie ihn gar nicht, so daß er seine Aufforderung mehrmals wiederholen mußte; erst dann folgte sie ihm ins Haus. Dort nahm sich ihrer eine Sklavin an und geleitete sie zu ihrer Herrin, der schönen jungen Frau mit dem Schmuck.

„Ach, höre mich an, fromme Frau", bat die Gemahlin des Emirs. „Nur du kannst mir helfen, denn gewiß hat die Vorsehung selbst dich unter mein Fenster geführt."

„Ich helfe dir gern, soweit es in meiner Macht steht", erwiderte Dalila mit ernster Miene, dabei aber insgeheim den Wert des Kleides und des Schmuckes abschätzend. „Vertraue mir ruhig an, was dich bekümmert, denn wisse, Allahs Güte ist unermeßlich."

„Ich bin schon lange die Frau des Emirs, aber bis heute haben wir keinen Sohn

und keine Tochter. Und nun hat mein Mann gedroht, mich davonzujagen und sich eine andere Frau zu nehmen, wenn ich ihm binnen Jahr und Tag keinen Erben schenke."

„So lange braucht er gar nicht zu warten. Zum Glück habe ich gerade heute alle Heilkräuter in meinem Haus, die vonnöten sind, um dir zu helfen. Das beste wird sein, wenn du gleich mit mir kommst!"

Also verließen sie zu zweit das Haus des Emirs. Dalila ging immer ein paar Schritte voraus, nach einem Ort ausspähend, der für ihr Vorhaben geeignet wäre. So gingen sie kreuz und quer durch die Stadt, bis sie zu einer Färberei kamen.

„Warte hier auf mich, ich muß meinen Sklaven schnell nach Speisen und Getränken schicken", sagte die Alte und ließ die Frau ein Stück vor der Färberei stehen.

Dann trat sie zu dem Färber, der vor seinem Laden saß, und sprach ihn leise an: „Guter Mann, man hat mich an dich verwiesen, weil du ein großes Haus hast. Das Mädchen, das dort wartet, ist meine Tochter und wird heiraten. Heute nun sind die Maurer gekommen, um unser Haus zu vergrößern, und aus diesem Grunde müssen wir uns für zwei Monate eine andere Bleibe suchen. Kannst du uns vielleicht für diese Zeit drei Räume vermieten?"

Der Färber warf einen prüfenden Blick auf Dalilas Derwischgewand und auf die Frau des Emirs.

„Ich habe gerade drei Räume frei, dort könnt ihr wohnen", antwortete er dann und reichte der Alten drei Schlüssel.

Nun schickte Dalila den Färber etwas zu essen holen und versprach, inzwischen auf den Laden aufzupassen.

Kaum war der Mann um die Ecke, traten die beiden Frauen ins Haus. Dalila schloß die erste Kammer auf.

„Lege hier deinen Schmuck und dein Kleid ab", befahl sie der Emirsfrau, und als das geschehen war, schloß sie die zweite Tür auf.

„In diesem Raum hier mußt du warten, bis ich dir das Bad aus den wundertätigen Kräutern bereitet habe", sprach sie und verschwand hinter der dritten Tür. Von dort aus kehrte sie über den Gang in den ersten Raum zurück, um Kleid und Schmuck an sich zu nehmen. Dann trat sie aus dem Haus; aber statt sich mit dem, was sie angestellt hatte, zufrieden zu geben, hatte sie schon wieder neue Streiche im Sinn. Und als sie gerade einen Eselstreiber vorüberkommen sah, hatte sie auch gleich einen Einfall.

„Guter Mann, du kommst wie gerufen", sprach sie ihn an. „Mein Sohn der Färber, ist in Schulden geraten, und ich muß schnell das Wertvollste verkaufen, ehe man es pfändet. Sei doch so gut, borge mir für einen Dinar deinen Esel und gehe inzwischen in die Färberei, bis die Leute des Richters kommen. Was du gebrauchen kannst, das nimm dir ruhig, und alles andere, die Bottiche und Bütten, zerhacke mit der Axt, damit alle sehen, daß mein Sohn selbst nichts mehr besitzt und keine Schulden bezahlen kann..."

Warum sollte der Eselstreiber der Alten den Gefallen nicht tun? Er borgte ihr seinen Esel und ging in den Laden.

Dalila aber zog zufrieden nach Hause und berichtete Zainab lachend, was sie an diesem Tage alles angerichtet hatte.

„Ich befürchte nur, daß du dich nun nicht mehr auf der Straße sehen lassen kannst", überlegte Zainab und war damit der Wahrheit sehr nahe.

Bei der Färberei war der Teufel los. Der Färber traf den Eselstreiber dabei an, wie der seine Werkstatt kurz und klein schlug, und der Lärm, den er losließ, lockte auch

die Emirsfrau aus ihrem Zimmer. Sie beschuldigten sich gegenseitig, bis halb Bagdad vor dem Haus zusammenlief und der Präfekt persönlich an Ort und Stelle erscheinen mußte, um wieder Ordnung zu schaffen.

Aber der listigen Dalila kam so schnell niemand auf sie Schliche. Gegen die war kein Kraut gewachsen. Schon am nächsten Tag ging sie wieder aus dem Haus, diesmal als Dienerin verkleidet, um einen neuen Streich zu spielen. Und die Gelegenheit dazu fand sie ganz in der Nähe.

Im Hause des Schahbandar der Kaufmannschaft von Bagdad waren gerade die Vorbereitungen zur Hochzeit der ältesten Tochter in vollem Gange. Deshalb hatte die Frau des Schahbandar ihr jüngstes Kind, einen kleinen Knaben, einer verläßlichen

Sklavin anvertraut, um selbst die Arbeiten im Haus beaufsichtigen zu können.

Die Sklavin spielte gerade mit dem Kind vor dem Haus, als Dalila vorbeikam.

„Ach, da bin ich ja zur rechten Zeit gekommen", sprach die Alte freundlich die Sklavin an. „Eile zu deiner Herrin und melde ihr, daß ich gekommen sei, um ihr zu helfen." Und sie zog aus ihrer Tasche einen Dinar.

„Ich kann aber doch das Kind nicht allein lassen", wandte die Sklavin ein, verlangend nach dem Dinar in Dalilas Hand schielend.

„Ich passe inzwischen auf den Jungen auf", versprach die Alte. „Aber beeile dich, denn deine Herrin wartet bestimmt schon auf mich."

Kaum war die Sklavin im Haus verschwunden, schaute sich Dalila nach allen Seiten lauernd um, und als sie keine Menschenseele sah, hob sie den Knaben auf und rannte mit ihm davon, so schnell sie nur konnte. Erst hinter der nächsten Ecke blieb sie atemlos stehen.

„Gesegnet sei die Dummheit!" schmunzelte sie. „Jetzt werde ich ihnen zeigen, was ich kann!"

Und sie lenkte ihre Schritte zu dem Laden des bekannten jüdischen Juwelenhändlers Adhra, von dem die ganze Stadt wußte, wie mißtrauisch und geizig er war.

„Ich bin in Eile, Meister", legte Dalila los, nachdem sie mit dem Kind den Laden betreten hatte. „Es ist dir gewiß bekannt, daß meine Herrin, die Frau des Schahbandar der Kaufmannschaft, ihre älteste Tochter vermählt. Deshalb schickt sie mich, für sie Broschen und Schmuck im Werte von tausend Dinaren auszuwählen. Als Pfand sollst du so lange, bis sie selbst kommt, ihr Söhnchen hierbehalten..."

Der Jude Adhra jauchzte innerlich; so ein großes Geschäft hatte er schon lange nicht mehr abgeschlossen. Er suchte schöne Fußreifen aus, Armringe, eine Kette und einen Gürtel, und die Alte nahm alles, um es, wie sie sagte, ihrer Herrin zu zeigen. Den Knaben ließ sie in dem Laden zurück und verschwand dann im Trubel des Basars.

Es war auch höchste Zeit, denn inzwischen hatte man das Verschwinden des Kindes entdeckt, und der Schahbandar persönlich verfolgte ihre Spur. Er fragte überall herum, und gerade, als er zu dem Laden des Juweliers kam, stieß er dort nicht nur auf den betrogenen Juden, sondern auch auf den Färber, den Eselstreiber, den Emir und den Präfekten. Sie klagten sich gegenseitig ihr Leid und beschlossen dann, jeder auf eigene Faust Dalila zu suchen; der Präfekt aber sollte außerdem noch zehn Mann ausschicken.

Doch wieviel alte Weiblein gibt es in der Stadt? An jenem Tag jedenfalls fanden sie sie nicht, und auch am nächsten Tag ging sie ihnen durch die Lappen. Allein der Eselstreiber hatte Glück, da er sie zufällig traf und auch erkannte. Aber sie führte ihn auch diesmal wieder an der Nase herum.

„He, gib mir meinen Esel wieder!" rief der Mann und packte die Alte am Arm.

„Wie gut, daß ich dich treffe, mein Sohn", sagte Dalila geistesgegenwärtig. „Dein Esel hat dir inzwischen so viel Geld verdient, daß ich ihn mit vollen Säcken bei dem Barbier dort einstellen mußte." Dabei zeigte sie auf den nahen Barbierladen, der dem Magrihani Masud gehörte. „Warte hier, ich sage dem Barbier nur schnell Bescheid, daß er dir den Esel mitsamt dem Gold aushändigen soll."

Der Eselstreiber war's zufrieden. Wenn er nur wieder zu seinem Esel kam und vor allem noch gut verdiente dabei; um die anderen mochte Allah sich kümmern und um die Gerechtigkeit auch.

Aber er kannte eben Dalila schlecht.

„Hör mal Masud", sagte sie zu dem Barbier im Laden. „Ich weiß, daß du wie kein anderer in Bagdad Zähne ziehen kannst, und meinem Sohn, der dort draußen wartet, tun seit gestern zwei Backenzähne fürchterlich weh. Der Arme leidet solche Schmerzen, daß er schon ganz wirr redet. Er faselt ständig was von einem Esel. Hier hast du einen Dinar, nimm dich seiner an und befreie ihn im Namen des Allmächtigen von seinem Übel!"

Masud strich das Geld ein und ging hinaus, während sich Dalila durch die Hintertür davonschlich.

„Mein Esel, mein Esel!“ rief der Eseltreiber, als er den Barbier kommen sah.

„Dein Esel ist bei mir, komm ihn dir holen“, beruhigte ihn der Magrihani und zog ihn in den Laden hinein. Dort versetzte er ihm einen Backenstreich, daß der arme Mann auf den nächsten Stuhl fiel, band ihm geschickt Arme und Beine zusammen und zog dem Zeter und Mordio Schreienden zwei gesunde Backenzähne.

„Ich muß mich mehr vorsehen“, murmelte Dalila vor sich hin, als sie am nächsten Tag wieder aus dem Haus ging. Und zu recht, denn diesmal wurde sie tatsächlich von den Wachen aufgegriffen, die sie ins Haus des Präfekten brachten, wo schon der Emir, der Färber, der Eselstreiber, der Jude und der Barbier warteten. Weil es aber schon spät abends war, machten sie ihr auf dem nackten Boden ein Nachtlager zurecht und legten sich auf Kissen rings um sie nieder, damit sie ihnen nicht mehr entwischen konnte. Gleich am Morgen wollten sie sie vor den Richter bringen.

Dalila stellte sich schlafend und wiegte so ihre Wächter in Sicherheit — einem nach dem anderen fielen die Augen zu, und die fünf Betrogenen waren bald ebenso wie die Wachen fest eingeschlafen. Nur der Eselstreiber jammerte und ächzte noch im Schlaf vor Schmerz.

Darauf hatte die Alte nur gewartet. Vorsichtig erhob sie sich, stieg über die Schläfer hinweg und schlich sich hinaus. Dann stieg sie die Treppe hinauf zur Frau des Präfekten. Sie küßte ihr die Hand und fragte: „Ich suche deinen Mann, er schläft doch nicht etwa schon?“

„Doch, er schläft, was willst du von ihm?“

„Ich habe ihm fünf Sklaven gebracht, die er für tausend Dinare von meinem Mann gekauft hat. Ich brauche das Geld aber sofort, denn wir müssen morgen in aller Frühe abreisen.“

„Zeige mir die Sklaven, und ich werde dir die vereinbarte Summe auszahlen“, entschied die Frau des Präfekten.

Dalila führte die Frau ohne mit der Wimper zu zucken dorthin, von wo sie vor einer Weile geflohen war. Zum Glück war es in dem Raum so dunkel, daß die Präfektin nur die Wachen an deren Kleidung erkannte.

„Mein Mann hat gut gekauft“, sagte sie dann. „So kräftige und starke Mamelucken brauchen wir schon lange.“

Und sie zahlte der betrügerischen Alten tausend Dinare aus.

Am anderen Tag wollten sich Dalila und Zainab fast totlachen, während den ehrbaren Bagdader Bürgern ganz und gar nicht zum Lachen zumute war. Sie mußten einsehen, daß sie allein gegen die listige Gaunerin nichts ausrichten konnten, und trugen ihre Beschwerde dem Kalifen vor.

Harun ar-Raschid hörte sie an und wandte sich dann an seine Wesire, sie also fragend: „Wen von euch soll ich für das Weib verantwortlich machen?"

„Mich", meldete sich da Hasan Schumad, der Hauptmann der Linken. „Aber ich bitte dich, gib mir für sie das Gnadentuch; ich verbürge mich, daß Dalila alles zurückerstattet, was sie ergaunert hat."

„Sie hat deine Fürsprache", meinte der Kalif zustimmend und entließ den Wesir, auf daß dieser die Alte herbeischaffe.

Hasan Schumad, der wohl wußte, wo Dalila wohnte, ging schnurstracks zu ihrem Haus.

„Listige Dalila!“ rief er unter ihrem Fenster. „Sieh, ich bringe dir das Gnadentuch unseres Kalifen, zum Zeichen, daß der Fürst der Gläubigen dir deine Streiche verzeiht. Du mußt aber mit mir zu ihm gehen!“

Daraufhin trat die Alte aus der Tür und ließ sich lammfromm in den Palast führen.

„Warum hast du all die listigen Streiche ausgeheckt und die ganze Stadt unsicher gemacht?“ fragte Harun ar-Raschid streng. „In ganz Bagdad spricht man ja nur noch von deinen Betrügereien, und diese Männer hier hast du bestohlen!“

„Ich habe es nicht um des Geldes Willen getan, o Fürst der Gläubigen, sondern deshalb, weil man bis zu dieser Zeit nur von den Streichen deines Wesirs der Linken sprach. Ich aber wollte genauso berühmt werden wie er...“

„Das hast du auch erreicht, Dalila, und weil du in meiner Gnade stehst, will ich dir gern einen Wunsch gewähren.“

„So mache mich denn zur Türhüterin im Chan mit einem Lohn von tausend Dinaren monatlich. So viel nämlich hat früher mein Mann verdient, der berühmte Stadthauptmann.“

Harun ar-Raschid gewährte ihr diese Bitte. Dann erhielten alle Betroffenen zurück, was Dalila ihnen abgenommen hatte; der Eselstreiber bekam zudem eine Entschädigung für seine Zähne und der Färber für seine zertrümmerte Werkstatt, und alle gingen zufrieden nach Hause.

Dalila und Zainab lebten einige Zeit in Frieden und erfreuten sich der Achtung ganz Bagdad. Ihr Ruhm aber drang weit über die Stadt und über das Land hinaus — bis nach Kairo, wo auch Ali von Kairo, der größte Schelm jener Stadt, von Dalilas Streichen hörte.

So gewitzt die Alte, so schön sei die Tochter, berichtete man, und Ali fiel ein, daß es vielleicht gar nicht so übel wäre, die schöne Tochter einer so listigen Mutter zur Frau zu bekommen. Und da es bei Ali nie weit war vom Gedanken zur Tat, machte er sich sogleich auf nach Bagdad.

Gerade an dem Tag, an dem er dort anlangte, hatte Dalila ein Sterndeutertäfelchen mit nach Hause gebracht, um daraus mit Zainab ihr künftiges Schicksal zu erfahren. Na, die beiden staunten nicht schlecht: Schon taucht in den Tabellen der Name des Ali von Kairo auf, und es steht geschrieben, daß dieser Mann sie beide übertrifft, daß das Glück ihm noch mehr zugeneigt ist als ihnen.

„Wir müssen diesen Fremdling ausfindig machen und auf die Probe stellen“, lachte Dalila, nicht ahnend, daß Ali bereits vor ihrem Haus stand. Indem meldete eine Sklavin, daß er Einlaß begehrte.

„Dein Ruhm und die Schönheit deiner Tochter, o Herrin, machen sogar in Kairo von sich reden. Und deshalb bin ich von dort zu euch gereist, dich um die Hand deiner Zainab zu bitten; denn es wird kein trefflicheres Paar geben unter der Sonne als die Tochter der listigen Dalila und Ali von Kairo...“

„Nicht so hurtig, du Grünschnabel“, fiel ihm die Alte ins Wort. „Wer Zainab zur Frau haben will, der muß erst beweisen, daß er ihrer würdig ist. Erst wenn du die Aufgabe erfüllst, die ich dir stelle, setzen wir den Ehevertrag auf.“

„So sage, was ich zu tun habe“, verlangte Ali ungeduldig zu wissen.

„So höre denn: Mein Oheim Zuraik ist ein geiziger Geldscheffler, der sich für einen Vierteldinar in Stücke reißen läßt. Er brät auf dem Basar Fische und hat über seiner Ladentür ständig einen Beutel mit zweitausend Dinaren hängen. Diesen Beutel mußt du dem Wesir Hasan bringen — er wird gerecht entscheiden, ob du deine Aufgabe erfüllt hast.

Aber glaube ja nicht, daß das leicht ist. Zuraik lockt mit dem Beutel die Leute in seinen Laden, um an ihnen zu verdienen. Er hat nähmlich um den Beutel herum lauter Glöckchen und Schellen angebracht, die, wenn du nach dem Beutel greifst, klingeln und läuten, so daß der Oheim dich erwischt und du dich freikaufen mußt."

„Für den größten Schelm von Kairo dürfte das eine Kleinigkeit sein", brüstete sich Ali. „Morgen komme ich wieder, und wir unterschreiben den Ehevertrag. Der Beutel mit den Goldstücken soll meine Brautgabe an Zainab sein..."

Aber schon bald mußte er einsehen, daß die Aufgabe auch für den Kairoer Schelm eine harte Nuß war. Ali verkleidete sich zunächst als Marktfrau und lockte Zuraik dergestalt zu seinen Pfannen. Dann wieder borgte er sich von einem Fakir eine Flöte

und einen Sack voll Schlagen, denn vor denen hatte der Geizhals unheimliche Angst, wie er herausgebracht hatte. Aber das alles half ihm nichts. Jedesmal, wenn er die Hand nach dem Beutel ausstrecken wollte, begannen die Glöckchen zu läuten, und Zuraik war zur Stelle.

„Ich muß den Beutel aus seinem Haus stehlen, denn hier komme ich nicht ran", sagte er sich schließlich, und noch bevor Zuraik seinen Laden schloß, eilte er zu dessen Haus und versteckte sich dort im Keller.

„Ich konnte das Geld heute nicht im Laden lassen", sagte der alte Oheim verärgert zu seiner Frau, als er nach Hause kam. „Ein diebischer Gauner hatte es den ganzen Tag auf den Beutel abgesehen und würde ihn in der Nacht bestimmt stehlen."

Und dann erzählte er, was ihm tagsüber alles widerfahren war.

Ali wartete geduldig. Endlich wurde es im ganzen Haus still, und er schlich vorsichtig aus seinem Versteck heraus. Der Beutel lag neben Zuraiks Ruhelager. Ali schnappte ihn und eilte wie ein Schatten die Treppe hinab, doch da war der Alte auch schon munter geworden, denn er hatte einen leichten Schlaf.

„Haltet den Dieb! Haltet den Dieb!" schrie er, aber seine Frau, die durch den Lärm aus dem Schlaf gerissen wurde, fuhr ihn unwillig an: „Fang ihn selber, und wenn du ohne das Geld wiederkommst, lasse ich dich nicht ins Haus!"

Ali war indes draußen und rannte davon, aber diese Worte hatte er noch gehört. Um den Verfolger abzuschütteln und ihn nicht geradewegs zum Haus des Wesirs Hasan zu führen, lief er auf Umwegen dorthin.

Zuraik aber war längst informiert, wohin sich Ali wenden würde, und statt ihn zu verfolgen, begab er sich auf dem kürzesten Wege zu Hasans Haus. Er hatte Glück — die Außentür war nicht verschlossen! Er trat ein, schloß die Tür hinter sich und wartete.

Bald darauf erschien Ali und klopfte an.

„Bringst du das Geld?" fragte eine Stimme von drinnen.

„Ich bringe es, Hauptmann der Linken, ich habe meine Aufgabe erfüllt!"

„Zeig her, damit ich mich überzeugen kann, ehe ich aufschließe!" sagte Zuraik und streckte die Hand durch ein kleines Fenster in der Tür.

In der Annahme, mit dem Wesir zu sprechen, reichte Ali ihm den Beutel. Und dann wartete er lange und klopfte und hämmerte an die Tür, bis man ihm Einlaß gewährte. Aber da war Zuraik längst durch den Hintereingang verschwunden...

„Was nun?" fragte der Schelm ratlos, nachdem er Hasan Schumad berichtet hatte, was geschehen war.

„Bis zum Morgen ist noch lange Zeit... Und ich habe Nachricht, daß Zuraik noch nicht schlafen gegangen ist. Er hält sich bei Nachbarn auf, wo gerade eine

Hochzeit gefeiert wird, und brüstet sich dort, wie schlau er ist", tröstete ihn der Wesir.

Ali lief zurück zu Zuraiks Haus.

Er wußte, daß es verschlossen war, aber er selbst hatte vor seinem Weggang sicherheitshalber ein Fenster geöffnet. Dort stieg er nun heimlich ein, zog in der Eile das erstbeste Frauenkleid über, das er fand, und schlich durch die Zimmer, suchend nach etwas, was er brauchen könnte. Ein Korb! Das war das Richtige! Er nahm also den Korb und stellte sich mit ihm neben einem Fenster direkt über der Haustür auf.

Zuraik kam in gehobener Stimmung nach Hause.

Noch ehe er an die Tür klopfen konnte, beugte sich schon Ali in dem Frauenkleid aus dem Fenster und flüsterte: „Hast du es? Sonst kommst du mir nicht herein!"

„Ich habe den Beutel mit allen Goldstücken, laß mich schnell ein", antwortete

Zuraik im guten Glauben, mit seiner eigenen Frau zu sprechen.

„Erst muß ich mich überzeugen, denn es will mir nicht in den Sinn, daß es dir wirklich gelungen sein soll, den größten Schelm von Kairo anzuführen", erwiderte Ali leise und mit verstellter Stimme. „Ich lasse dir einen Korb hinab, lege den Beutel hinein, damit ich ihn mit eigenen Augen sehe!"

Und Zuraik fiel ebenso herein wie Ali eine Stunde zuvor. Und er mag wohl noch am Morgen vor der eigenen Haustür gestanden und gefroren haben, als Ali und Dalila gerade den Ehevertrag aufsetzten.

Es muß aber gesagt werden — und so ließ es der Kalif Harun ar-Raschid auch für immer in den Chroniken festhalten —, daß Zainab den Beutel zurecht als Brautgabe erhielt: Der alte Zuraik hatte ihn ja nur für sie aufgehoben; gewinnen aber konnte ihn nur der, der ihn sich wirklich verdiente und also Zainabs würdig war.

# *Die Geschichte von dem Honigtropfen*

Es war einmal ein Jäger, der pflegte jeden Tag mit seinem Hund, an dem er über alles hing, in Wald und Steppe die wilden Tiere zu jagen.

Einmal geschah es, daß er in den Bergen in eine Höhle kam und dort eine tiefe Grube voller Bienenhonig fand. Er schöpfte den Honig in einen Schlauch, den er bei sich trug, und eilte dann ins nächste Dorf, ihn dort zu verkaufen.

Beim Laden eines befreundeten Ölhändlers blieb er stehen und bot dem Bekannten den Honig zum Verkauf an. Sie wurden sich auch schnell über den Preis einig.

Als aber der Ölhändler den Honig aus dem Schlauch laufen ließ, da fiel ein Tropfen auf die Erde. Im Nu sammelten sich die Fliegen um ihn, und auf die wiederum schossen die Spatzen herab. Deren Zwitschern lockte die Lieblingskatze des Ölhändlers herbei, und die sprang auf die leichte Beute. Als aber der Hund des Jägers die Katze sah, stürzte er sich auf sie und biß sie tot. Der Ölhändler konnte sich beim Anblick des toten Tieres nicht beherrschen, und in seiner Wut nahm er eine eiserne Stange und zerschmetterte damit dem Hund den Kopf.

Und der Jäger? Blieb der etwa ruhig? Nein, auch ihm trübte der Zorn den Verstand; er zog seinen Dolch und erschlug den Ölhändler...

Als er sah, was er angerichtet hatte, da ergriff ihn das Grauen ob seiner schlimmen Tat, und er rannte nach Hause.

Als die Nachbarn des Ölhändlers erfuhren, was geschehen war, griffen sie zu ihren Waffen, und bald standen sich die beiden Dörfer, aus denen der Ölhändler und der Jäger stammten, in Kampfreihen gegenüber.

Aber das war noch nicht genug: Jedes der Dörfer gehörte zu einem anderen König, und die erklärten nun einander den Krieg. Die Armeen stießen in einer schrecklichen Schlacht zusammen, und es gab ein grausames Gemetzel. Sie hieben aufeinander ein, bis viel Volk gefallen war, so viele, daß nur Allah, der Erhabene, ihre Zahl kennt. Und das alles hatte ein einziger Tropfen Honig verschuldet.

# *Die Geschichte von Sindbad dem Seefahrer*

Zu Zeiten des berühmten und trefflichen Herrschers Harun ar-Raschid, lebte in Bagdad ein reicher Großhändler, dessen Karawanen zogen mit kostbaren Waren bis nach China, seine Schiffe durchkreuzten die entferntesten Meere. Und als seine letzte Stunde geschlagen hatte, hinterließ er seinen ganzen Besitz, den Palast und das Geld seinem einzigen Sohn.

Sindbad, so hieß der junge Mann, war damals noch nicht zu rechtem Verstande gelangt und ging sehr leichtsinnig mit dem Erbe, das ihm von seinem Vater geblieben war, um.

So kam es also, daß eines Tages auch der letzte Golddinar ausgegeben war.

Er war der Verzweiflung nahe, als er begriff, was ihm da widerfahren war. Aber dann nahm er alles, was er noch an Hausrat und Kleidern besaß, und verkaufte es zusammen mit seinem Grundbesitz. Das erbrachte ihm schließlich genau dreitausend Golddinare und war der Rest von den Millionen, die ihm sein Vater hinterlassen hatte.

Und nicht umsonst war Sindbad der Sohn eines Kaufmannes. Ihm kam der Gedanke, daß er für das Geld, das er eingelöst hatte, Waren kaufen und sie auf einem Schiff in fremde Länder bringen könnte. Dort wollte er dann mit Gewinn tauschen und verkaufen, bis er wieder soviel sein eigen nennen konnte, wie er durch seine leichtsinnige Schwelgerei verloren hatte.

Also begab er sich mit seiner Ware in die Hafenstadt Basra und bestieg ein Kaufmannsschiff. Das Schiff segelte durch die Meere, ging an Inseln und festen Gestaden vor Anker, und Sindbad erfüllte es mit Freude, daß ihm das Geschäft glückte und man ihm deshalb in Bagdad wieder mit Achtung begegnen würde.

Eines Morgens bekamen sie schon in der Frühdämmerung eine unbekannte Insel zu Gesicht, welche die Seeleute auf keiner ihrer früheren Fahrten gesichtet hatten, und die auch nicht in den alten Logbüchern erwähnt wurde.

Je mehr sie sich dieser Insel näherten, um so deutlicher ließ sich ihre Schönheit erkennen. Der Kapitän ließ den Anker auswerfen, und das Schiff legte an der unbekannten Insel an. Neugier und Entdeckerfreude trieb Reisende und Besatzung an, alle stürzten voller Ungeduld ans Ufer. Und hatten sie an dem herrlichen Pflanzenwuchs und auch an dem Tierreichtum ihre Freude, so begegneten sie doch keiner Menschenseele. So begannen einige, die saftigen Äpfel zu pflücken und zu kosten, die Matrosen ergänzten die Trinkwasservorräte und eine Gruppe von Kaufleuten — unter ihnen auch Sindbad — zündete ein Feuer an.

Die Flammen sprangen hurtig von Zweig zu Zweig, und die Kaufleute plauderten in geselliger Runde. Auf einmal war es wie bei einem Erdbeben: Die Insel wurde stark erschüttert. Die Palmen knickten um und fielen eine nach der anderen zu Boden, das Meer kochte.

Und da vernahmen die Erschrockenen die erregte Stimme des Kapitäns vom Deck des Schiffes:

„Lauft schnell, ihr Leute, rettet euch an Bord! Keine Insel, sondern den Rücken eines riesigen Fisches habt ihr betreten, die Blumen und Bäume haben uns alle getäuscht. Euer Leben ist in Gefahr, denn der Fisch hat wohl die Glut eures Feuers gespürt und wird gleich untertauchen! Rettet euch vor dem Verderben, sonst…“

Und schon versank die Insel, und das Meer in furchtbarem Studel riß die

Unglücklichen, die sich nicht rechtzeitig aufs Schiff gerettet hatten, mit in die Tiefe.

Auch Sindbad blieb zurück. Machtlos rang er nach Atem, vergebens war er bemüht, sich über Wasser zu halten. Der Strudel war nicht zu besiegen.

Und da, als ihm schon das Bewußtsein schwand, hielten seine um sich greifenden Hände etwas Festes. Sindbads Finger umklammerten ein leeres Faß, ihm gelang es, darauf zu kriechen und so das Toben des Meeres zu überleben. Zu Tode erschöpft suchte er mit den Augen die unendliche blaue Ferne ab, doch fand er nicht das geringste Anzeichen mehr, das ihn an das Schiff erinnert hätte. Und so schlief Sindbad vor Todesangst und Müdigkeit ein.

Als er endlich erwachte, stellte er zu seiner Verwunderung fest, daß sich das Faß im Felsenriff einer Insel verfangen hatte und er selbst im Ufersand lag. Mühsam erhob er sich, doch sein Körper war starr vor Kälte, und wieder verlor er die Besinnung. Am anderen Morgen mühte er sich kriechend vorwärts und fand glücklich eine Quelle mit süßem Wasser und nährte sich von Früchten.

Als er sich nach einigen Tagen besser bewegen und, auf einen Stab gestützt, am Ufer der Insel entlang wandern konnte, erblickte er unweit von sich zwei Männer.

„He, gute Leute", rief er sie an, „sagt mir, wo ich bin!"

„Du bist im Lande des Sultans Maharadschah", entgegnete der Ältere, und der Jüngere fragte:

„Wie bist du hierher gelangt und woher kommst du?"

Und Sindbad berichtete ihnen wahrheitsgemäß, was ihm widerfahren war.

Sie führten ihn zu ihrem Lager und bewirteten ihn, so daß er sich langsam erholte und auch den Gefährten der beiden Männer ausführlich sein Abenteuer schildern konnte.

„Das ist wahrhaftig eine bewegende Geschichte, der unser Sultan sicher gern Gehör schenken wird", sagten sie.

So kam unser Kaufmann an den Hof des Sultans Maharadschah. Dieser war ein gütiger und weiser Herrscher und nahm Sindbad als Schreiber und Hafenaufseher in seine Dienste. Nach kurzer Zeit verrichtete Sindbad alle Arbeiten so gut, daß ihn der Sultan mit seiner Gunst und kostbaren Geschenken überschüttete. Dennoch begann sich in dem jungen Mann die Sehnsucht nach seiner Heimatstadt Bagdad zu regen, und er verpaßte die Ankunft keines einzigen Schiffes, um sich zu erkundigen, ob es nicht etwa Kurs dahin nehme.

Endlich ging ein Segelschiff vor Anker, das ihm bekannt vorkam, und als Sindbad den Kapitän erblickte, wurde es ihm Gewißheit: Eben auf diesem Schiff war er ausgefahren mit allen seinen Waren, und mit ihm war auch nach dem Unglück sein ganzes erhandeltes Vermögen entschwunden! War das ein freudiges Wiedersehen! Nur Sultan Maharadschah war betrübt. Ungern trennte er sich von seinem liebsten

Gehilfen. Aber Sindbad hatte schon keine Gedanken mehr für etwas anderes als seine Heimreise auf dem Schiff. Doch der Sultan war von edler Gesinnung; er hinderte Sindbad nicht an seiner Absicht und beschenkte ihn beim Abschied reich.

Dann lief der Segler aus. Der Wind war ihm günstig und bald erreichte er Basra, von wo aus Sindbad nach Bagdad heimkehrte. Und so endete seine erste Fahrt, die ihm außer einem großen Vermögen auch den berühmten Namen Sindbad der Seefahrer eintrug...

Sindbad kaufte sich wieder ein prächtiges Haus, genoß erlesene Speisen und Getränke, aber von all dem machte er jetzt nur maßvoll Gebrauch.

Bei diesem angenehmen Leben vergaß er bald die in der Fremde erlittene Mühsal, die Schrecken und Qualen seiner Abenteuer. Und so kam es ihm bald wieder in den Sinn, in die Welt hinauszufahren, sich fremde Länder anzusehen und durch Handelsgeschäfte neuen Reichtum zu erwerben. So wie ein Strom von ruhigen Biegungen zu wilden Stromschnellen eilt, so trieb es ihn nach einiger Zeit wieder in den Hafen von Basra.

Er suchte sich ein schnelles Schiff aus und kaufte alles, was er für den Handel in fernen Ländern für vorteilhaft hielt. Gleich ihm ließen auch andere Kaufleute ihre Lasten verstauen, und noch am gleichen Tag stach das Schiff wohlbemannt und gut gerüstet in See.

Sie durchsegelten ein blaues und ein grünes Meer, ein gelbes und ein rotes, und überall legten sie an Festland und Inseln an und trieben Handel und Tausch mit Kaufleuten und Herrschern.

Als sie endlich zu einem weißen Meere kamen, ließ der Kapitän an einer schönen Insel festmachen, um kurz zu verschnaufen. Auch Sindbad betrat die Insel und verzehrte geruhsam im Schatten der Bäume seine Mahlzeit. Dann ging er an einem Bach entlang bis zur Quelle, um sich an dem frischen Wasser zu laben. Süßer Blumenduft und ein lauer Wind umfächelten ihn, daß ihm ganz leicht zumute ward, und nachdem er getrunken hatte, überkam ihn eine große Müdigkeit und er schlief ein. Als er endlich erwachte und ringsum keinen Menschen sah, eilte er erschrocken zum Ufer. Doch war auch der Strand verlassen und leer, das Schiff war ohne ihn in See gestochen.

Da packten ihn Angst und Reue, und er begann zu klagen: „Warum nur habe ich mich wieder von dem angenehmen Leben in der Heimat entfernt und mich den Mühsalen einer Reise ausgesetzt. Beim ersten Male wurde ich noch errettet, aber diesmal führt wohl kein Weg zurück!“ Lange quälte er sich mit Vorwürfen, doch bald überlegte er, was nun zu tun sei, und sein Hunger gab ihm darauf Antwort. So begab er sich auf einen längeren Erkundungsgang durch die Insel.

Nach einer Weile hielt er überrascht inne: Direkt vor ihm wuchs eine riesige weiße Kuppel aus der Erde. Sie gehörte aber nicht etwa zu einer Moschee, wie Sindbad zuerst meinte, sondern war ein unvorstellbar großes Ei.

Da erinnerte sich Sindbad, daß die Seeleute oft von dem Vogel Roch erzählt hatten, dessen Schwingen angeblich so gewaltig seien, daß sie die Sonne verdecken.

Ihm müßte das weiße Ei gehören...

Sindbad war darüber mit seinen Gedanken noch nicht zu Ende gekommen, als es auf einmal Nacht wurde, gewaltiges Flügelrauschen ertönte — es war der Vogel Roch, der sich auf dem Ei niederließ um zu brüten.

Der Kaufmann wagte sich nicht von der Stelle. Doch trotz des Schreckens hatte er einen glücklichen Einfall, er nahm den Turban vom Kopf, wickelte ihn auf und band sich mit dem Stoff an ein Bein des Vogels fest, der sich bald in die Lüfte schwang.

Schließlich flog der Riesenvogel einer gebirgigen Insel zu, und kurz über dem Erdboden band sich Sindbad los. Er fiel zwischen Steine, und wohin er auch schaute, er sah nichts als graue Felsen und Steine.

Der Vogel Roch hatte ihn nicht bemerkt. Sindbad sah, wie er etwas von der Erde aufhob und davonflog: Eine riesige Schlange wand sich in den mächtigen Krallen, ihr Anblick erfüllte Sindbad mit Entsetzen. Und plötzlich vernahm er auch ein seltsames Zischen; es kam von allen Seiten, wohin er sich auch wandte. Schlangen! Hunderte von Schlangen wärmten sich hier in der Sonne! Voller Furcht und Schrecken versteckte sich der Kaufmann unauffällig unter einem überhängenden Felsbrocken.

Die Schlangen konnten ihn dort nicht sehen, und so schaute er sich vorsichtig um. Seine ganze Aufmerksamkeit fesselten nämlich kleine Steine, von denen eine glitzernde Helle ausging. Ja, es waren Edelsteine! — Ein Wunder, daß er nicht aufschrie, als er einen in die Hand nam, aber sofort wurde er traurig: Was nutzten ihm alle Edelsteine der Welt, wenn er von hier nicht lebendig und heil davonkam...

Da aber ereignete sich wieder etwas Unerwartetes. Von oben fiel auf die Stelle, wo die meisten Edelsteine lagen, ein totes Schaf. Es rollte noch ein Stück den Abhang hinunter, wobei immer mehr Rubine, Diamanten und Amethyste in seinem dichten Fell haften blieben. Die Schlangen bemerkten das Schaf nicht, indes schoß wie ein Blitz vom Himmel ein Adler herab, umkrallte das Schaf und verschwand damit in den Wolken.

Nur ein Adler hilft mir, von hier wegzukommen, erkannte Sindbad. Und als nach kurzer Zeit ein zweites Schaf ganz in seiner Nähe zu Boden fiel, war er nicht müßig. Er las Edelsteine auf, so viel er nur konnte, zog dem Schaf das Fell ab und schlüpfte selbst hinein. Kaum atmen konnte er, so mußte er sich zusammenkrümmen.

Er vernahm bald den Ruf des Adlers, und schon trug ihn der Raubvogel weg von diesem schrecklichen Ort.

Sie flogen nicht lange. Nach einer Weile landete Sindbad wieder auf der Erde, und sobald er aus dem Fell gekrochen war, jagte er dem Adler mit seinem Anblick Schrecken ein, so daß sich dieser davonmachte.

Aber nicht nur der Adler war erschrocken. Der Kaufmann sah, wie eine Schar von

Männern, die genauso wie er gekleidet waren, davonrannte. „Wartet doch nur, ich tue euch nichts!“ schrie er ihnen nach, bis sie endlich innehielten. Sie schauten ihn voller Mißtrauen an, bis einer von ihnen Mut faßte und sprach: „Wir glaubten, du seist der leibhaftige Teufel. Denn es hat bisher noch keines Menschen Fuß das Tal betreten, in das wir den Adlern die Schafe werfen, damit sie uns hierher mit ihrer Beute die Edelsteine bringen!“ Jetzt verstand Sindbad die kluge List dieser Männer, er gab einem jeden von ihnen eine Handvoll Edelsteine von seinem riesigen Schatz und erzählte seine Abenteuer.

Sie kamen gar nicht aus dem Staunen heraus und fragten ohne Unterlaß. Bereitwillig nahmen sie Sindbad mit auf ihr Schiff, das an der Insel vor Anker lag, und segelten nach Basra. — Damit endete Sindbads zweite Seereise.

## DRITTE REISE

Mit Lustbarkeiten verbrachte der Seefahrer seine Tage in Bagdad und vergaß bald die Strapazen der letzten Reise. Ihm war nur die Erinnerung an das unendlich weite Meer geblieben und auch die Sehnsucht, die ihm eingab, wieder über die Meere zu segeln und bisher Unbekanntes zu Gesicht zu bekommen.

So entschloß er sich also für seine dritte Reise. Er ahnte nicht, daß es die mühseligste werden sollte.

Kaum hatte sich das Schiff von Basra entfernt, da ergriff es ein heftiger Sturm und jagte es Tage und Nächte immer in dieselbe Richtung, bis eines Morgens vor ihnen eine Insel auftauchte. Da begann der Kapitän verzweifelt zu schreien:

„Oh, ihr Reisenden, welches Unheil! Es sieht schlimm für uns aus, das ist die Affeninsel!"

Und noch ehe die Seeleute irgend etwas zu ihrem Schutze unternehmen konnten, waren die Affen auf dem Schiff. Sie bissen die Leinen durch, zerrissen die Segel, und obwohl sie nur eine Größe von vier Spannen erreichten, flößten ihre wilden schwarzen Fratzen mit den gelben Augen Furcht ein. Wie viele waren es aber auch! Ganze Rudel, die an Deck herumsprangen, zum Taubwerden brüllten und das Schiff in Besitz nahmen. Als einzige Rettung blieb die Insel selbst. Deshalb erteilte der Kapitän den Befehl, das Schiff zu verlassen; und obgleich die Wellen hochschlugen, wollten lieber alle hineinspringen, als mit den Affen zusammenzubleiben.

Auch Sindbad schwamm zu der Insel und gewahrte, als er das Ufer erklommen hatte, daß die Mehrzahl der See- und Kaufleute diese Gefahr gesund überstanden hatte. Ihr Schiff mit den Affen entschwand bald den Augen. Unter Führung des Kapitäns unternahmen alle einen Rundgang auf der Insel. Zuerst schien es, als gäbe es hier keine Menschenseele, aber auf einmal erblickten sie hohe Mauern und in deren Mitte ein geöffnetes Tor aus Ebenholz. Da gingen sie hinein...

Auf einem weiträumigen Hof stand ein großes Schloß mit Marmortreppen und -pfeilern, mit vielen Fenstern und Türmen. Noch immer aber gewahrten sie kein Lebenszeichen, nur an einer Stelle neben einer steinernen Bank loderte ein Feuer. Ringsherum standen Kessel zum Kochen, so groß, daß sich Sindbad darüber nicht genug wundern konnte.

Und da, als sich alle bei dem Feuer versammelt hatten, schloß sich das Tor mit großem Getöse von selbst. Aus dem Schloß ertönte ein Stampfen, daß alles erbebte, und auf der Treppe erschien ein Riese.

Aus seinem Maul, größer als eine Brunnenöffnung, ragten ihm Hauer heraus, die Ohren hingen ihm über die Schultern bis zur Mitte des Rückens, der mit schwarzen

Borsten bewachsen war, seine Lippen hätten besser zu einem Kamel gepaßt, und die Nägel an Händen und Füßen standen Geierkrallen nicht nach. Die Seeleute waren vor Schreck mehr tot als lebendig, als das Ungeheuer zum Feuer kam. Im Nu ergriff es einige von ihnen, tötete sie und warf sie in einen Kessel. Diesen stellte es auf das Feuer, und dann war Sindbad Zeuge des schrecklichsten Kannibalenmahls, wie er's sich nicht einmal im Traume hätte vorstellen können. Kaum hatte der Riese den letzten Bissen heruntergeschlungen, streckte er sich auf der steinernen Bank aus und schlief mit fürchterlichem Geschnarche ein.

Vergeblich war die Hoffnung der übrigen, die für diesmal noch dem schauderhaften Geschick entronnen waren, daß er sie verschonen würde.

Am nächsten Tag erwachte er beim Morgengrauen, griff sich erneut einige seiner wehrlosen Opfer, und das schreckliche Mahl wiederholte sich.

Als der Riese dann den Hof verlassen hatte, rückte die kleine Schar zusammen und beriet, wie man sich retten könnte. Sindbad schlug vor, den Riesen mit einer List umzubringen und dann zu warten, bis ein Schiff vorbeikäme und sie mitnähme. Sie könnten sich aber auch ein Boot bauen und damit auf das Meer hinausfahren. Und wenn sie dabei ertrinken würden, so wäre das ein besserer Tod, als von dem Riesen geschlachtet und gefressen zu werden. Diesem Plan stimmten alle zu.

Doch da sie gegen den Riesen erst etwas unternehmen konnten, wenn er schlief, mußten am Abend nochmals zwei der Gefährten ihr Leben lassen. Nachdem das Schreckliche geschehen war und der Riese zu schnarchen begann, nahmen die übrigen Männer zwei Bratspieße und hielten sie ins Feuer. Dann stießen sie die glühenden Spitzen dem Ungeheuer mit aller Kraft in die Augen, so daß es geblendet war.

Mit gewaltigem Brüllen sprang der Riese auf und suchte in rasender Wut nach den Menschen, doch konnte er tastend keinen ergreifen. Der Riese taumelte ins Freie, und Sindbad rannte mit den anderen zum Ufer. Und welches Glück! Dort lag ein altes Boot, das sie schnell bestiegen. Doch dreifaches Brüllen erschreckte sie jetzt: Zwei andere Riesen näherten sich mit dem Geblendeten, sie schleuderten gewaltige Felsbrocken und töteten die meisten auf dem Boot, nur drei blieben am Leben, darunter Sindbad. Erschöpft überließen sie sich der Meeresströmung.

Die Wellen trugen sie fort, bis am Abend des dritten Tages das Boot auf eine Sandbank auflief. Beide Freunde Sindbads legten sich sogleich auf dem unbekannten Ufer zum Schlafen nieder, nur unser Kaufmann suchte sich einen dichtbelaubten Baum unweit davon und kletterte hinauf. Die Sonne zeigte sich noch nicht am Horizont, da vernahm Sindbad einen Schrei des Entsetzens. Er schaute in diese Richtung, und was sah er da: Seine beiden Gefährten, die am Ufer geblieben waren, verschlang eine schwarze Schlange, deren Körper so stark wie ein Baumstamm war!

Sindbad fiel vor Schreck zitternd von dem Baum. Die Schlange aber war inzwischen ins Meer verschwunden, und wären nicht die Kleider der Unglücklichen gewesen, die auf dem Sande verstreut lagen, hätte Sindbad geglaubt, es wäre nur ein böser Traum gewesen.

Was sollte er jetzt tun? War er doch ganz allein geblieben, und jederzeit konnte die Schlange zurückkommen! Und nochmals konnte er sich durch eine List helfen. Er band sich um den ganzen Körper lange Bretter und Äste, bis er in einem großen sperrigen Holzgestell verborgen war.

Die Schlange mühte sich vergebens. Immer wieder stieß sie auf ihn zu und wollte ihn verschlingen. Und nachdem Sindbad in seinem Käfig vor Grauen und Hunger fast umkam, war ihm die Rettung gewiß, als die Schlange endlich verschwand und er seinen Blick auf das Meer richtete: Ein Schiff strebte dem Festland zu, um vor Anker zu gehen! Sindbad befreite sich eilends von dem Holzgestell und rannte schreiend auf das Schiff zu...

Da ihm das Schicksal keine weitere schwere Prüfung auferlegte, konnte er sich während des ganzen Restes dieser dritten und schlimmsten Reise langsam erholen.

Es schien, als ob nach solchen Erfahrungen Sindbad bis an sein Lebensende in Bagdad bleiben und die See keines Blickes mehr würdigen wollte. Jedoch als zu ihm die Kunde drang, daß sich die reichsten Kaufleute und die Mächtigen aus Basra auf eine weite Handelsreise mit einem neuen großen Schiff vorbereiteten, waren alle seine Vorsätze verflogen.

‚Dabei darf ich nicht fehlen', entschloß sich Sindbad, und noch ehe der Mond seine volle Größe erreicht hatte, segelte er wieder fremden Ländern entgegen...

Bald aber gerieten sie in einen wilden Orkan, der Segel und Masten herunterriß. Zu guter Letzt lief das Schiff mit einem heftigen Stoß auf festes Land auf.

Gerettet! Kaum aber war die eine Gefahr überstanden, wartete bereits ein neues Unheil. Von allen Seiten stürzten sich plötzlich nackte Wilde auf das Schiff, fesselten Besatzung und Reisende und schleppten sie vor ihren König. Der befahl, allen Gefangenen eine reiche Mahlzeit vorzusetzen. Sindbad kostete das Essen nur. Es schmeckte ihm nicht, und heimlich spuckte er den Bissen aus, während er nach den anderen schaute.

Es schien, als schmeckte es ihnen. Schneller und schneller leerten sie die Schüsseln, die ihnen die Wilden vorsetzten, und rissen sie ihnen förmlich aus den Händen.

Da lächelte der König den Wilden zu und sprach:

„Genug schon mit dem Essen! Von heute an werdet ihr sie auf die Weide führen, und dann werden wir sie uns gemeinsam schmecken lassen!"

Sindbad sah mit Entsetzen, daß seine Freunde wie Schafe blökten: Diese Wilden hatten sie mit den Gewürzen um den Verstand gebracht und wollten sie wohl nun mästen! Seine Befürchtungen erfüllten sich. Jeden Morgen ging mit ihnen ein Hirte wie mit Vieh auf die Weide. Bis zur Unkenntlichkeit dick wurden sie alle, nur Sindbad täuschte den Hirten und trank reines Wasser.

Er konnte sich mit seinen Gefährten nicht einmal über ihr Unglück verständigen, sie waren gänzlich wirr im Kopf; er blieb allein und sann auf Flucht.

Und einmal, als der Hirte eingenickt war, kam der ersehnte Augenblick. Sindbad rannte zu den Eichen in der Nähe. Hinter den Bäumen stieß er auf einen ausgetretenen Pfad. Ein Stück ging er, ein Stück rannte er wieder, und erst als die Nacht hereingebrochen war, wußte er, daß ihn die Menschenfresser nicht einholen würden.

Er wanderte weiter aufs Geratewohl, und am Morgen stieß er plötzlich auf einige Leute, die Pfeffer einsammelten. Es waren keine Wilden, deshalb begab sich Sindbad ohne Furcht zu ihnen und erzählte, was ihm geschehen war.

Ohne Ende bestaunten sie sein Erlebnis, und als sie mit ihrer Arbeit fertig waren, nahmen sie ihn im Boot mit zu ihrer Insel, und dort führten sie ihn vor ihren König. Auch er hörte verwundert zu, und da ihm Sindbad gefiel, behielt er ihn im Dienst an seinem Hofe, wo Sindbad bald eine geachtete Stellung einnahm. Er gewöhnte sich an das fremdartige Leben, doch als er einmal gewahr wurde, daß alle in diesem Königreich ohne Sattel auf ihren Pferden ritten, verwunderte er sich sehr. Er sagte daher zum König: „Mein Gebieter, man wird schnell müde durchs Reiten ohne Sattel!"

„Was ist das, ein Sattel?" entgegnete ihm der Herrscher. Da befahl Sindbad also, ihm passendes Holz, Wolle zum Polstern und Leder zu bringen, und bis zum Abend hatte er vor den Augen der verdutzten Inselbewohner einen vortrefflichen Sattel fertig. Dann ließ er Steigbügel schmieden, schnitt Riemen zurecht, und als er sich für ein Pferd zu entscheiden hatte, wählte er sich den wilden Lieblingshengst des Königs aus und führte einen Ritt mit Sattel vor, und das Pferd gehorchte sanft seinem Willen.

Alle fanden Gefallen an dem Reiten im Sattel, besonders der König. Da sich Sindbad auf diese Weise sein Herz erobert hatte, gab der König ihm seine Tochter zur Frau und belohnte ihn reichlich.

Jedoch nicht lange erfreute sich unser Seefahrer des angenehmen Lebens an der Seite der schönen Königstochter. Noch ehe ein Jahr vergangen war, wurde die Prinzessin krank und starb.

„Es jammert mich, mein Sohn, daß auch du von dieser Welt scheiden mußt", verkündete voller Traurigkeit der König, als er Sindbad sein Beileid aussprach. „Bei uns ist es allgemein Brauch, daß mit der Toten gemeinsam auch ihr Mann ins Grab muß, und verscheidet ein Mann, so begraben wir mit ihm auch seine Frau. Das geschieht deshalb, damit keiner von beiden länger lebt als der andere..."

Sindbad erschrak und wies daraufhin, daß er doch ein Fremder wäre, aber vergebens. Nach drei Tagen schleppten sie ihn an einen felsigen Ort am Meer und wälzten einen großen Stein beiseite, unter dem eine Öffnung wie zu einer Zisterne erschien. Dort hinein versenkten sie die tote Prinzessin und nach ihr auch Sindbad mit einem Krug Wasser und einigen Laiben Brot. Dann wälzten sie über die Grube wieder den Stein, und um Sindbad ward es finster.

So verstrich in der Dunkelheit Stunde um Stunde, Tag um Tag, aber er bemaß die Zeit nur nach dem abnehmenden Brot und Wasser und aß und trank so wenig als möglich. Doch dann kam der Augenblick, vor dem er sich so gefürchtet hatte: Er aß den letzten Bissen Brot und trank den letzten Schluck Wasser.

Als er sich schon in Gedanken auf den Tod vorbereitete, geschah etwas, worauf er nicht mehr gehofft hatte. Der Fels ringsum begann zu erbeben, Gepolter von fallenden Steinen machte Sindbad fast taub, und nachdem sich alles wieder beruhigt hatte, sah er Licht! Licht, das durch einen großen Spalt in dieses abscheuliche Grab drang.

So schnell er nur konnte, eilte er zu der rettenden Öffnung, ohne auf die scharfen Felssplitter zu achten. Sehr mühsam gelangte er nach draußen und schloß schnell für Sekunden die Augen, da ihn das helle Sonnenlicht blendete. Als er die Augen wieder öffnete, erblickte er in der Uferböschung unter sich ein ankerndes Schiff. Wie schon so oft, war ihm also auch diesmal noch Rettung beschieden.

Sindbad kehrte schnell zu dem Grab zurück, um von dort alle Juwelen und Schmuckstücke zu holen, die mit den Toten begraben waren. Dann begab er sich mit seiner wertvollen Last zum Ufer.

Auf dem Schiff dann beschloß er in aller Annehmlichkeit seine vierte Reise, denn es ergab sich, daß es direkt nach Basra segelte.

Um vieles vermehrte Sindbad sein Vermögen, als er allen Schmuck verkaufte, den er von seiner letzten Reise mitgebracht hatte. Glück und Reichtum ließen ihn alle vergangene Mühsal vergessen, und so hielt sich Sindbad nicht allzu lange in Bagdad auf und begab sich auf seine fünfte Reise.

Doch als das Schiff wegen Wassermangel an einer öden Küste anlegen mußte, verspürte Sindbad überhaupt kein Verlangen, an Land zu gehen. Er beobachtete die anderen nur vom Schiff aus. Und bald kamen einige der Kaufleute herbeigelaufen und verkündeten, daß sie eine gewaltige Kuppel gesehen hätten, weiß wie ein Ei.

„Sie hatte auch so eine dünne Schale wie ein Ei", berichtete einer. „Mühelos haben wir sie zerschlagen..."

„Ja, das war eines von den Eiern des Vogels Roch!" rief Sindbad erschrocken. In eiliger Hast setzten die Matrosen die Segel, und da günstiger Wind wehte, entfernte sich das Schiff schnell von dem gefahrvollen Ort.

Alle dachten schon, daß sie gerettet wären. Die Wellen plätscherten ruhig an den Flanken des Schiffes, aber da verdeckte plötzlich eine ungeheure Wolke die Sonne. Das waren die Schwingen Rochs! Wie ein Pfeil schnellte der Vogel von oben herab und ließ aus seinen Krallen einen gewaltigen Felsbrocken auf das Schiff herniederstürzen.

Das Schiff zerbrach in zwei Hälften, und nur Sindbad war es beschieden, daß er sich auf eine nahe Insel retten konnte. Er ahnte nicht, welch schreckliche Not ihn erwartete, als er dort nur einen alten Mann voller Runzeln antraf:

„Sei mir behilflich", rief der Alte ihm zu. „Meine Füße wollen mich schon nicht mehr tragen!"

Sindbad hob ihn gern auf seinen Rücken, aber im gleichen Augenblick spürte er, daß die Beine des Alten ihn auf den Hüften fest wie eine Fessel drückten...

„Du hast dich überlisten lassen, du Dummkopf, und jetzt wirst du dafür

bezahlen!" ließ sich seine spöttische Stimme vernehmen. „Du bist von nun an dazu verurteilt, mich zu tragen, wohin auch immer ich will, so lange dich der Tod nicht davon erlöst!"

Nach einigen Tagen wollte Sindbad sein Leiden lindern, und so füllte er einen ausgedörrten Kürbis mit Weintrauben und ließ sie in der Sonne gären, bis aus ihnen Wein geworden war. Wenigstens für ein paar Stunden brachte ihm das Erlösung durch die Trunkenheit.

Der Alte bemerkte anfangs nur, daß Sindbad aus einem Kürbis etwas trank, daß er fröhlich war, sang und tanzte. Da ließ ihm die Neugier keine Ruhe: Er selbst sprach dem Tranke tüchtig zu und hörte nicht eher auf, als bis der Kürbis geleert war. Nach einer Weile fing er zu johlen an, fuchtelte umher, bis ihn die Trunkenheit völlig packte und er reglos wie ein Sack zurückfiel.

Darauf hatte Sindbad nur gewartet. Mit Leichtigkeit warf er den reglosen Körper des Alten ins Gras und rannte hinweg aus dieser schrecklichen Gegend.

Schließlich hielt er atemlos inne und blickte erstaunt um sich. Er stand in einem Wald von Kokospalmen, in deren Kronen Affen herumhüpften, und direkt zu seinen Füßen lag eine Stadt mit hohen Mauern.

Da bemerkte Sindbad Männer in seiner Nähe; sie warfen nach den Affen mit Kieselsteinen, und die Affen versuchten, sie wiederum mit Kokosnüssen zu treffen. Das war ein drolliger Anblick, so daß unser Seefahrer nicht an sich halten konnte und rief:

„Weshalb bekriegt ihr euch mit diesen Tieren?"

Die Männer entgegneten: „Hier ist eine Kokosgegend, und die Kokosnüsse, die die Affen nach uns werfen, können wir günstig verkaufen. So kannst du selbst zu Vermögen gelangen. Sag uns aber, woher du kommst, da in dieser Richtung der Meergreis wohnt und bisher niemand aus seiner Gewalt lebend entkommen ist!"

Sindbad begriff daß ihm jetzt keine Gefahr mehr drohte, und er erzählte, wie er den Meergreis losgeworden war und wie das Schicksal seinen Reichtum in Armut verwandelt hatte. Er schloß sich den Männern an, und bald hatte er selbst so viele Kokosnüsse gesammelt, daß er damit viele Tage und Monate durch die Meere segeln und sie verkaufen konnte, ehe sein Schiff zu bekannten Gestaden zurückkehrte. Er besuchte die Zimt- und die Perleninsel, wo er seine Kokosnüsse für Perlen der gleichen Größe eintauschen konnte, er lernte auch das Sandelland kennen, wo das wertvolle Sandelholz wie Unkraut gedeiht. Und so beschloß Sindbad seine Reise.

Sindbad wollte alle fernen Meere vergessen, die er je durchschifft hatte, und künftig in Bagdad ein geruhsames Leben führen.

Umsonst aber trug er nicht den Beinamen „Seefahrer".

Als eines Tages junge und noch unerfahrene Kaufleute ihn um Rat baten, wie sie ihre Waren für eine Schiffahrt zu fremden Ländern zu verladen hätten, entschloß er sich ohne Zögern, mit ihnen zu fahren. Das war der Beginn von Sindbads sechster Reise.

Diesmal blies günstiger Wind in die Segel, die Handelsgeschäfte verliefen gut, und nach ein, zwei Jahren schickte man sich zur Rückkehr nach Basra an.

Eines Tages jedoch bemerkten die Seeleute, daß das Segelschiff in einen Strom geraten war, aus dem es nicht entkam. Das Wasser floß immer schneller dahin, bis das Schiff wie ein Vogel flog, und aus dem Meere tauchte plötzlich ein gewaltig hoher Berg auf.

„Das ist die Schiffbruch-Insel!" schrie der Kapitän. „Lebend kommen wir hier nicht mehr davon!"

Seine Worte wurden bittere Wahrheit: Die Wellen schleuderten das Schiff gegen den Felsen, zermalmten es in Sekundenschnelle, und das Wrack sank in die Tiefe.

Nur Sindbad landete auf dem Trockenen. Nach einer Weile erholte er sich von dem Schrecken und blickte in die Runde. Überall lag Holz von gestrandeten Schiffen, und auch Kisten mit wertvollen Gütern entdeckte er. Doch da die Wellen haushoch gegen den Felsen schäumten und sich landeinwärts ein schier unbezwingbarer Berg erhob, schien es dem Kaufmann auf den ersten Blick, daß er von diesem Ort niemals davonkäme. Neue Hoffnung schöpfte er, als er einen breiten Fluß gewahrte, der direkt unter dem Berg weiterfloß. Sindbad säumte nicht, und soweit seine Kraft noch ausreichte, fertigte er aus Holz ein Floß und lud darauf das Wertvollste, das er fand. Dann sprang er selber auf das Floß, und schon trug ihn der Strom ins Dunkel... Die Wasser unter dem Berg brausten, das Floß schlug mit Gepolter gegen die Felsen, und Sindbad fiel in Ohnmacht. Lange trieb er so in dem unterirdischen Dunkel dahin. Als er zu sich kam, war er auf ein weiches Lager gebettet, in einem herrlichen Gemach, und nahe bei ihm saß ein vornehm gekleideter Herrscher.

„Ich sehe, daß du überrascht bist, dich hier zu finden", sprach er. „Du bist im Lande Serendyb. Wie bist du zu uns gelangt?"

Und Sindbad berichtete dem König von der Schiffbruch-Insel hinter dem großen Berg, und wie er auf dem Floß von diesem Ort geflüchtet war.

Der König hörte aufmerksam zu und sagte darauf:

„Da es dir bestimmt ist, daß du alle Gefahren bei gesunden Leibe überstehst, werde ich dir ein Schiff rüsten lassen, das dich nach Basra bringt. Nur um einen Gefallen bitte ich: Mit dem Schiff will ich deinem Gebieter, Harun ar-Raschid, Geschenke senden, da er ein alter Freund von mir ist. Die sollst du ihm überbringen."

Der Kaufmann versprach dem König gern, sich der Angelegenheit mit aller Sorgfalt zu widmen, und bald darauf lief von Serendyb ein ganz neues Schiff aus, das sicher in den Hafen von Basra gelangte.

So endete die sechste Reise Sindbads des Seefahrers, und sie war kurz und zugleich die berühmteste, denn an ihrem Ende stand der Weltensegler vor dem weisen Kalifen, Harun ar-Raschid.

# *Die Geschichte von dem Fischer und dem Ifrit*

Der Anfang dieser Geschichte reicht bis ins die Zeiten des Sulaiman zurück.

Damals herrschte nämlich König Sulaiman nicht nur über die Menschen und die guten Dschinn, nein, mit Hilfe seines Zauberringes hatte er auch die bösen Dschinn gebändigt. Es geschah aber, daß der Anführer der aufrührerischen und ketzerischen Dämonen mit Namen Sachr sich des königlichen Ringes bemächtigte und ihn ins Meer warf. Aber noch ehe es ihm gelang, die Herrschaft des Bösen zu errichten und die Gläubigen zu unterwerfen, fand Sulaiman den Ring wieder, und zwar in den Eingeweiden eines Fisches, den man für ihn gefangen hatte.

Jetzt schaffte der König Ordnung unter den Aufrührern. Er zwang sie, den wahren Glauben anzunehmen und seinen Befehlen zu gehorchen, und wer sich dem widersetzte, mit dem machte er kurzen Prozeß.

So verbannte er auch Sachrs vertrautesten Verbündeten, einen Ifrit, in eine Flasche und versiegelte diese mit Blei, in das er das Siegel seines Ringes mit dem Namen des Allmächtigen drückte, damit der Gefangene nie wieder herauskönne. Die Flasche aber ließ er mitten ins Meer werfen.

Hundert Jahre lag der Ifrit auf dem Meeresboden, und er gelobte in diesen hundert Jahren, jeden, der ihn befreien würde, reich zu belohnen.

Doch es kam keiner. Nach dem zweiten Jahrhundert war er bereit, seinem Befreier drei Wünsche zu erfüllen, und nach weiteren hundert Jahren hätte er mit Freuden jedem, der ihn aus der Flasche herausließ, bis an dessen Lebensende gedient.

Aber die Jahre vergingen, und der böse Dämon war weiter in seinem engen Gefängnis auf dem Grunde des Meeres eingesperrt. Da überkam ihn der Zorn, und er schwor sich, falls ihn hinfort doch noch jemand erlösen sollte, diesen zu töten und ihm die Wahl zu lassen, welchen Tod er sterben wolle...

Gerade in diesem Augenblick bewegte sich das Wasser; ein Fischernetz tauchte herab und kreiste um die Flasche.

Der Fischer brauchte all seine Kraft, um den Fang heraufzuholen — so schwer war der —, und als er sah, was ihm das Meer da beschert hatte, jubelte er vor Freude. Eine solch große Flasche aus Messing war mehr wert als ein ganzes Netz voll Fische.

Er betrachtete die Flasche von allen Seiten, und da sie so schwer war, kam ihm der Gedanke, jemand könnte darin einen Schatz versiegelt haben.

Ungeduldig zog er sein Messer und löste den Verschluß. Da stieg zischend eine dünne Rauchsäule aus der Flasche auf.

Der Fischer ließ vor Schreck die Flasche auf den Boden seines Bootes fallen, aber der Rauch stieg weiter auf, wurde größer und breiter und verdichtete sich, bis er die Sonne verdeckte...

Und schließlich nahm er Gestalt an, aus der Höhe grinste das schreckliche Gesicht des befreiten Ifrits auf den erstarrten Fischer herab.

„Du hast dir einen schlechten Tag gewählt, Fischer!" rief er grimmig. „Gerade heute habe ich geschworen, denjenigen, der mich befreit, zu töten. Allerdings darfst du selbst bestimmen, auf welche Art du sterben willst!"

Ach, nun begriff der Fischer, was er angerichtet hatte. Zu spät fiel ihm ein, was er von König Sulaimans Kampf mit den Dämonen gehört hatte und davon, wie er die bösen Dämonen bestraft hatte.

Daß er von dem Ifrit keine Gnade und kein Mitleid zu erhoffen hatte, das war ihm klar; wenn ihm jemand helfen konnte, dann nur er selbst.

„Du solltest auf deinem Weg ins Leben nicht einem anderen das Leben nehmen, denn für meinen Tod wird Allah den Tod über dich schicken!“ suchte er den Geist zu überreden.

„Ich habe lange genug im Tod gelebt“, lachte der Ifrit höhnisch. „Im Tod in der Flasche!“

„So warst du also tot, und ich habe dir das Leben geschenkt?“

„Nein, du konntest mir das Leben nicht schenken, denn du hast ja nicht gewußt, daß ich leben werde. Deshalb mußt du sterben!“

„Was du sagst, leuchtet mir ein, aber nur, wenn du die Wahrheit sprichst und wirklich in der Flasche gewesen bist. Aber das hast du dir bestimmt nur ausgedacht, du warst gar nicht da drinnen, denn du bist ja viel zu groß, als daß du in eine solch kleine Flasche passen könntest!“

„So überzeuge dich doch selbst!“ rief der Ifrit beleidigt, und er löste sich wieder in Rauch auf, der langsam in die Flasche zurückkroch. Der Fischer wagte kaum zu atmen. Er paßte genau auf, und als das letzte Rauchfähnchen in der Flasche verschwunden war, verstopfte er schnell den Hals wieder mit der Bleikapsel.

„Jetzt glaube ich dir! Aber da du ja nun wieder in der Flasche bist, muß ich nicht sterben!“ rief der Fischer lachend. „Und dich werfe ich wieder ins Meer zurück!“

„Tue es nicht, ich habe ja nur gescherzt“, bettelte der Ifrit.

„Nein, ich glaube dir kein Wort! Du bist falsch und undankbar. Deshalb hat Allah dein Schicksal wieder in meine Hände gelegt...“

„Es gibt keinen Gott außer Allah dem Allmächtigen, und Sulaiman ist sein Prophet“, heulte der Ifrit in der Flasche. „Laß mich heraus, und ich werde dich reich belohnen!“

Der Fischer überlegte. Er war arm und konnte die versprochene Belohnung gut gebrauchen. Und irgendwie würde er schon mit dem Ifrit fertig werden, denn der Mensch ist klüger als die Dämonen...

So entfernte er denn wieder das Siegel und wartete gespannt, was nun geschehen würde. Wieder stieg der Rauch zum Himmel auf, verdeckte die Sonne und verdichtete sich zu dem Ifrit, der zum Entsetzen des Fischers blitzschnell die Flasche packte und ins Meer hinaus schleuderte.

„Habe keine Angst, ich tue dir nichts mehr, denn ich habe es ja bei Allah geschworen“, beruhigte er dann den Fischer. „Ein einziger Augenblick in Freiheit hat mich meinen alten Schwur vergessen lassen. Nun komm, auf daß du deinen Lohn empfängst...“

Mit diesen Worten hob er den Fischer auf und trug ihn durch die Luft zu einem kleinen See mitten in einer Wüste.

„Schau hin!“ gebot der Ifrit und zeigte auf das Wasser, in dem gar wunderliche

Fische schwammen. Die einen waren blau, andere rot, die dritten weiß und die vierten gelb.

„Das ist dein Lohn. Jeden Tag darfst du einmal dein Netz auswerfen, und was du herausziehst, das bringe in den Palast des Sultans..."

Der Fischer hätte gern mehr erfahren, denn er fühlte, daß über dem See und den Fischen irgendein Geheimnis lag; aber er fragte lieber nicht, damit der Geist es sich nicht noch anders überlegte. Der bemerkte seine Neugier wohl, und so verriet er noch, ehe er in der Erde verschwand: „Es sind seltene, ungewöhnliche Fische, und es wird dich nicht gereuen, meinen Rat befolgt zu haben. Und wenn du noch etwas mehr tust, so wird dein Lohn noch größer sein..."

Der Fischer zögerte nicht lange. Der Abend zog schon herauf, und außer der Messingflasche hatte er an diesem Tag noch nichts gefangen. So tauchte er denn sein Netz in den See und wartete ungeduldig, bis sich der Wasserspiegel wieder glättete. Dann zog er es heraus: Zwischen den Maschen zappelten vier Fische — ein weißer, ein gelber, ein roter und ein blauer. Das war ein Fang!

Der Fischer nahm die Fische aus dem Netz, legte dieses zusammen und eilte in den Sultanspalast.

Der Sultan war sehr erbaut über das ungewöhnliche Geschenk und gab in seiner Huld dem Fischer vierhundert Dinare, für jeden Fisch hundert. Während der Glückliche nach Hause lief und laut dem Allmächtigen dankte für seine Güte, trug der Herrscher seiner Lieblingssklavin auf, die Fische zu braten. Da aber geschah es, daß die Fische, als das Fett in der Pfanne zu brutzeln begannen, das Mädchen traurig ansahen und bittere Tränen weinten...

Nein, das konnte sie nicht mitansehen. Sie schrie auf und lief in den Thronsaal, ihrem Herrn von dem seltsamen Gebaren der Fische zu berichten.

„Von solchen Fischen habe ich wirklich noch nicht gehört", meinte der Sultan nachdenklich. „Gleich morgen muß uns der Fischer an die Stelle führen, wo er sie gefangen hat..."

Der Fischer wollte nicht so recht; er fürchtete, seinen Verdienst zu verlieren, aber als er dann die Geschichte von den weinenden Fischen hörte, da wurde er selbst neugierig.

Bald hatten sie die Wüste erreicht und den See, durch dessen Wellen rote, blaue, weiße und gelbe Fische huschten. Ringsum aber herrschte eine seltsame, durch nichts unterbrochene Stille.

„Laßt uns weitergehen", beschloß der Sultan nach einer Weile. „Vielleicht finden wir anderswo eine Erklärung."

Und sie gingen weiter, bis sie zu einem Berg kamen und hinter dem Berg zu den

Toren einer Stadt. Aber es war eine ungewöhnliche Stadt — sie war ganz schwarz, von den Dächern bis zu den Türmen des Palastes, und nirgends war auch nur eine einzige Menschenseele.

Der Sultan und der Fischer gingen durch die Straßen und schließlich auch in den Palast des Herrschers. Sie stiegen eine Treppe aus schwarzem Marmor empor, schritten durch schwarze Gänge und schwarze Räume, bis sie schließlich hinter einer Tür eine klagende Männerstimme vernahmen.

Sie traten ein. Vor einem gräßlich anzuschauenden Standbild saß ein wunderschöner Jüngling und weinte. Sein Antlitz war edel und anmutig, seine Beine aber waren aus schwarzem Stein.

Bei ihrem Eintritt wandte sich der Jüngling verwundert und erfreut um, aber gleich darauf zeigten seine Züge wieder Angst und Furcht.

„Geht weg von hier, flieht auf der Stelle, wenn ihr nicht von dem gleichen Schicksal heimgesucht werden wollt wie ich!"

„Wir bringen dir Hilfe und Rettung", sprach da der Sultan furchtlos. „Aber erst müssen wir deine Geschichte erfahren."

„So hört mir also zu, aber dann müßt ihr schnell fliehen: Noch vor kurzer Zeit gehörte mir dieser Palast, und ich herrschte als König in der Stadt, durch die ihr gegangen seid. Da aber geschah es, daß ich mich in meine Base verliebte und also den Ehevertrag aufsetzen ließ und mich mit ihr vermählte.

Zunächst liebte sie mich auch, doch als ich glaubte, daß unser Glück unendlich sei, hörte ich zufällig, wie sich zwei Sklavinnen unterhielten; und aus diesem Gespräch erfuhr ich, daß sich meine Frau des nachts mit einem häßlichen schwarzen Sklaven traf. Ich mußte mir Gewißheit verschaffen, und so schlich ich ihr heimlich

nach. Ach, die Sklavinnen hatten wahr gesprochen, und was ich sah, machte mein ganzes Glück zunichte. In meiner Erbitterung erschlug ich den verfluchten Schwarzen, sobald sich die beiden wieder getrennt hatten, erwähnte den Vorfall aber vor meiner Frau mit keinem Wort.

Auch sie schwieg. Sie legte Trauerkleider an, und ein ganzes Jahr lang trauerte und weinte sie vor dieser abscheulichen Statue, die der Steinmetz nach ihrer Weisung nach dem Ebenbild ihres Geliebten hatte anfertigen müssen.

Schließlich hielt ich es nicht mehr aus und wollte dem allen ein Ende machen. Eines Tages gelang es mir, sie hier zu überraschen, und ich sagte ihr ins Gesicht, was ich wußte. Aber das sollte auch der letzte Augenblick meines Lebens als Mensch sein.

Wie meine Frau sah, daß ihr Geheimnis verraten war, verzauberte sie mich und mit mir die ganze Stadt. Seither sind meine Beine aus schwarzem Stein, und die Hexe, denn eine solche ist sie, kommt jeden Tag zu mir und schlägt mich mit Stöcken so grausam und so lange, bis mir die Sinne schwinden. Und dann betet sie zu ihrem schwarzen Gott..."

„Und was wurde aus den Bewohnern der Stadt?" fragte der Sultan.

„Unweit von hier ist ein See, und in ihm schwimmen Fische von vier Farben. Die blauen, das sind verzauberte Christen, die blaue Turbane trugen. In gelbe Fische verwandelte sie die Juden mit ihren gelben Turbanen, und in den roten hättet ihr früher Feueranbeter erkannt. In der Überzahl aber sind die weißen Fische, so wie es in unserer Stadt die Moslems waren, denen ja seit Urzeiten die weiße Farbe für den Turban vorbehalten ist... Jetzt aber geht schnell, denn die Hexe muß jeden Augenblick kommen."

Doch es war bereits zu spät, denn auf der Treppe waren schnelle Schritte zu hören. Der Sultan und der Fischer konnten sich gerade noch hinter dem breiten Sockel des Götzenbildes verstecken, als die Hexe auch schon hereintrat. Aus dem pechschwarzen Trauerkleid leuchtete ihr weißes Gesicht, und ihre funkelnden Augen sprühten Haß. Sie fiel mit wilden Schreien und Flüchen über den Jüngling her und schlug so lange mit dem Stock auf ihn ein, bis er ohnmächtig wurde. Dann kniete sie vor dem Götzen nieder.

„Ich flehe dich an, sprich zu mir! Sage mir, was ich tun soll, um dich wieder zum Leben zu erwecken!" flüsterte sie mit zitternden Lippen.

Der Sultan hinter dem Sockel hielt die Hand vor den Mund und sprach mit dumpfer Stimme: „Ich werde nicht eher Ruhe finden und deinem Flehen nicht eher Gehör schenken, solange ich das Wehklagen deines Gatten anhören muß..."

„Du hast gesprochen, endlich hast du zu mir gesprochen, mein Herr und Gebieter!" jubelte die Hexe. „Ach sage mir, was ich tun soll, denn deine Wünsche sind mir heilig."

„Nimm den Zauber von ihm!" befahl da der Sultan, und die Hexe sprach über dem Jüngling eine Zauberformel. Im gleichen Augenblick wurden die Beine des jungen Königs wieder zu Fleisch und Blut, und er konnte wieder gehen.

„Und was nun, mein Gebieter?"

„Nun gib allen, die du in Fische verwandelt hast, ihre Gestalt zurück, denn ich mag ihre Tränen nicht länger sehen!"

Die Hexe wandte sich in die Richtung, in der der See lag und beschrieb mit der Hand magische Zeichen in der Luft. Nach einer Weile sagte sie: „Die Leute sind schon vor dem Tor. Was muß ich nun tun, damit dein Leib wieder lebendig wird?"

„Nun tritt näher!"

Die Hexe trat dicht vor die Statue. Der Sultan zog leise seinen Säbel und sprang dann hinter dem Sockel hervor und trennte der Hexe vor den Augen des Fischers und des gepeinigten Jünglings mit einem fürchterlichen Hieb den Kopf vom Rumpf. Im gleichen Augenblick zersprang auch das abscheuliche Götzenbild in tausend Stücke.

Im ganzen Palast wurde es auf einmal hell. Von den Wänden verschwand die schwarze Farbe, und überall leuchtete es golden und silbern. Auf der Treppe wurden Menschenstimmen laut.

Die Nacht war verschwunden, und es wurde Tag...

# *Die Geschichte von dem Rebhuhn und den Schildkröten*

Einmal flog ein Rebhuhn über die Schildkröteninsel, und da es von der Hitze und dem langen Flug ermattet war, ließ es sich auf die Insel hinab, um ein wenig auszuruhen und wieder zu Kräften zu kommen.

Auf der Insel wurde es sogleich von den Schildkröten umringt. Die hatten ein solches Tier noch nie gesehen und fanden solches Gefallen an ihm, daß sie sogar ein Fest gaben für das Rebhuhn, ihm voller Stolz ihre ganze Insel zeigten und es schließlich baten, doch für immer bei ihnen zu bleiben.

Auch dem Rebhuhn gefiel es bei den Schildkröten, und als es sah, wie diese ihm

zugetan waren, blieb es gern bei ihnen und wurde bald mit ihnen vertraut. Aber jeden Morgen flog es davon und kehrte erst am Abend zurück auf die Insel.

Das betrübte die Schildkröten, die das Rebhuhn so liebgewonnen hatten, daß ihnen jede Trennung Kummer bereitete. So trugen sie eines Tages der ältesten Schildkröte auf, dem Rebhuhn ins Gewissen zu reden.

„Es ist uns nicht leicht ums Herz, wenn du jeden Morgen fortfliegst und uns allein läßt. Den ganzen Tag zittern wir vor Angst, es könne dir unterwegs etwas zustoßen", sagte am Abend die alte Schildkröte vorwurfsvoll zu dem Rebhuhn.

„Auch ich sehne mich den ganzen Tag nach euch", erwiderte das Rebhuhn. „Aber ich bin nun mal ein Vogel, und ein Vogel, der Flügel hat, der muß einfach fliegen, das ist seine Natur. Ich weiß auch keinen Rat."

„Aber ich weiß einen! Du mußt dir die Flügelfedern ausrupfen. Dann kannst du von früh bis spät mit uns an dieser fruchtbaren Stätte verweilen nach Lust und Liebe..."

Das Rebhuhn hörte auf den Rat der Schildkröte und rupfte sich so geschickt seine

Federn aus, daß es nicht einmal wehtat. Von diesem Tag an verbrachte es die ganze Zeit mit seinen Freunden auf der Erde, und alle waren glücklich und zufrieden.

Einmal aber kam ein Wiesel vorbei. Ach, wie sehr hätte das Rebhuhn jetzt seine ausgerupften Flügel vonnöten gehabt! Vergeblich rief es seine Freunde zu Hilfe: Die Schildkröten waren viel zu schwach und zu langsam, um ihm beistehen zu können. Nur weinen konnten sie und klagen.

Als das Rebhuhn ihre Tränen sah, da schloß es mit dem Leben ab und rief ihnen aus letzter Kraft zu: „Behaltet mich in guter Erinnerung und trauert nicht um mich. Euch trifft keine Schuld. Ich habe den Tod verdient, weil ich auf euch gehört habe und nicht auf das ewige Gesetz der Natur!“

# *Die Geschichte von den Abdallahs*

Es war einmal ein Fischer, der hatte neun Kinder, und sein ganzes Hab und Gut bestand aus einem Fischernetz, mit dem er für sich und seine Familie den kargen Lebensunterhalt verdiente. Er schlug sich gerade so recht und schlecht durch, manchmal hatte er einen reicheren Fang, manchmal mußte er sich mit ein paar kleinen Fischen begnügen. Nie aber blieb das Netz bis zum Sonnenuntergang ganz leer.

An dem Tag, als ihm seine Frau das zehnte Kind gebar, betete er zu Allah für das Glück seines Kindes: „Ach, Allmächtiger, laß den Lebensunterhalt leicht für ihn werden und ohne Beschwerde, reichlich und nicht kärglich..."

Aber sein Gebet blieb ungehört — das Netz war leer. Da warf er es ein zweites Mal aus, doch soviel er sich auch abmühte, er fing an diesem Tage keinen einzigen Fisch. Betrübt machte er sich auf den Heimweg und machte im Stillen Allah Vorwürfe, daß der sein Kind ohne Nahrung ließ — mußte er nicht die, die er erschaffen, auch ernähren?

So schritt Abdallah niedergeschlagen und bekümmert dahin, bis er in der Stadt am Ofen eines Bäckers vorbeikam. Er blieb stehen, denn das Brot duftete gar zu verlockend. Aber dann ließ er den Kopf hängen, wischte eine Träne aus dem Auge und wollte weitergehen; denn er hatte ja kein einziges Geldstück in der Tasche, um Brot zu kaufen für sich und die seinen.

Da rief der Bäcker, der auch Abdallah hieß und des Fischers seltsames Benehmen bemerkt hatte, ihm nach: „Fischer Abdallah! Warte! Warum holst du dir nicht dein Brot wie jeden Tag?“

„Ich kann nicht, Bäcker Abdallah“, antwortete der Fischer und erzählte dem Bäcker, daß er an diesem Tag überhaupt nichts gefangen hatte und wie sehr es ihn bekümmerte, mit leeren Händen nach Hause zu kommen.

Der Bäcker überlegte nicht lange. Er gab dem armen Mann Brot und zudem noch fünf Dirhame, für die sollte er Fleisch und Milch kaufen für seine Kinder.

„Nimm es ruhig an, denn du brauchst es. Wenn du wieder einen besseren Fang hast, gibst du es mir zurück“, sagte er.

Der Fischer bedankte sich überschwenglich bei dem Bäcker, der aber unterbrach ihn: „Warum sollte ich dir nicht helfen? Ich heiße doch auch Abdallah wie du. Abdallah — Diener Gottes.“

Frohgemut ging der Fischer nach Hause und berichtete seiner Frau, was er erlebt hatte.

Am nächsten Tag ging er schon sehr früh aus dem Haus, denn er wollte recht viel fangen, um seine Schuld bald zurückzahlen zu können.

Er warf das Netz aus, aber seine Mühe war vergebens. Auch beim zweiten Mal hatte Abdallah kein Glück, und als es so weiter ging, stieg Bitterkeit in ihm auf, und er bereute, nicht schon längst die Fischerei an den Nagel gehängt und sich ein anderes Gewerbe gesucht zu haben, das ihn besser ernähren würde.

Unter solchen Erwägungen zog er wieder das Netz aus dem Wasser. Diesmal war es so schwer, daß er es kaum herausziehen konnte. Aber was war das für ein Fang! Ein aufgedunsener Eselskadaver, der einen solchen Gestank verbreitete, daß Abdallah mit seinem Netz ein Stück weiterziehen mußte.

Wieder überkam ihn Hoffnungslosigkeit, und er beschloß, nur noch ein letztes Mal sein Glück zu versuchen. Es war schon Abend, als er das Netz herausziehen wollte. Wieder schien es ihm ungeheuer schwer, noch schwerer als vordem. Lange plagte er sich damit ab, bis er in dem Netz ein sonderbares grünes Wesen gewahrte, das aussah wie ein Mensch, nur daß es statt der Beine einen riesigen Fischschwanz hatte.

Abdallah erschrak derart, daß er alles hinwarf und sein Heil in der Flucht suchen wollte, war er doch überzeugt, daß es sich um einen jener bösen Dschinn handeln mußte, die Sulaiman in Flaschen gesperrt hatte, damit sie den Menschen keinen Schaden mehr zufügen könnten.

Das schreckliche Wesen aber rief ihm nach: „Renne nicht weg, Fischer Abdallah, ich tue dir nichts!“

Was sollte der arme Mann tun? Er kehrte wieder um, und der Grüne fuhr fort:

„Ich bin kein Dschinn, wie du vielleicht annehmen magst; ich gehöre zu den Gläubigen wie du, nur daß ich nicht auf der Erde lebe, sondern im Meer. Und ich heiße ebenfalls Abdallah."

„Was aber suchst du in meinem Netz?"

„Mein Herr und König befahl mir, ihm frisches Obst zu bringen. Ich selbst kann es nicht pflücken — an der Luft würde meine Haut in kürzester Zeit austrocknen, und ich müßte elendiglich umkommen. Deshalb habe ich dich ausgesucht und will mit dir einen Handel abschließen: Wenn du mir morgen und dann jeden Tag ein Körbchen voll frisches Obst bringst, so werde ich es dir dafür mit Perlen, Korallen und Edelsteinen füllen."

Der Fischer wollte seinen Ohren nicht trauen, denn wenn der Mann aus dem Wasser hielt, was er da versprach, so wäre er, der arme Fischer, mit einem Schlag ein gemachter Mann.

„Die Anfangssura darauf, Abdallah des Meeres!" rief er schnell, um das unerwartete Glück ja festzuhalten.

Einer nach dem anderen sprachen sie die ersten Strophen des Korans und bekräftigten so ihren Vertrag.

Dann stieg Abdallah des Meeres wieder ins Wasser.

„Wir sehen uns morgen wieder; komm mit dem Korb voll Früchte an diese Stelle und rufe: Ich bin gekommen, Abdallah des Meeres!"

Nach diesen Worten tauchte er unter; die Wellen glätteten sich, und der Fischer stand wieder allein am Ufer mit seinem leeren Netz und wußte nicht, ob das alles Wahrheit gewesen oder nur ein Traum.

Dennoch eilte er an diesem Tage noch zu dem Bäcker Abdallah, sich von diesem Brot zu erbitten und ihm sein unglaubliches Erlebnis zu erzählen.

Der Bäcker gönnte ihm sein Glück von ganzem Herzen. Er gab ihm wieder Brot und sorgte persönlich dafür, daß der Fischer Abdallah des Meeres das frischste und beste Obst bringen konnte, das in der Stadt aufzutreiben war.

Kaum war die Nacht dem aufgehenden Morgen gewichen, da stand der arme Fischer schon mit dem vollen Korb am Strand und rief in die Brandung: „Ich bin gekommen, Abdallah des Meeres!"

Da bewegte sich der Wasserspiegel, und aus den auseinandertretenden Wellen tauchte der grüne Mann mit dem Fischschwanz auf.

„Ich bin hier, und wenn du dein Versprechen gehalten hast, so werde auch ich das meine erfüllen", erklärte er, nahm von dem Fischer den Korb entgegen und tauchte damit unter.

Er verschwand aber nicht für lange. Bald schon tauchte er wieder auf, und sein Geschenk verschlug dem Fischer den Atem: leuchtende Perlen, Korallen, Edelsteine und Juwelen, wie sie wohl kaum ein Sterblicher je besessen. Der ganze Korb war voll davon, und einen solchen Korb sollte er nun jeden Tag bekommen!

Abdallah wußte kaum, wie er mit seinem Reichtum nach Hause gekommen war; aber seine Frau riet ihm sogleich, wie er mit diesen Schätzen umgehen sollte: sie nie den Mächtigen dieser Welt zeigen, sondern nach und nach heimlich verkaufen.

Nur seinem Freund, dem Bäcker Abdallah, vertraute sich der Fischer an. Er ließ ihn teilhaben an seinem Glück und beschenkte ihn reich mit Perlen und Edelsteinen.

Er ahnte ja nicht, was daraus entstehen würde.

Der Bäcker nämlich hielt sein Glück nicht geheim und eilte mit den Juwelen sogleich auf den Markt. Dort ergriffen ihn die Wachen, und der Scheich des Basars ließ ihn auspeitschen und fesseln, denn er war überzeugt, solche Juwelen besäße nur die Gemahlin des Sultans, und der Bäcker müsse sie also gestohlen haben.

Den Dieb überführen, das konnte nur die Sultanin persönlich. Die aber sagte zu ihrem Gemahl, als man ihr das vermeintliche Diebesgut zeigte: „All mein königlicher Schmuck, von der Hand deiner geschicktesten Meister angefertigt, hält keinen Vergleich stand mit diesen Kleinodien. Deshalb kann nichts von dem, was ich hier sehe, aus meiner Schatzkammer gestohlen sein, denn es hat sich nie darin befunden."

Nach diesen Worten schimpfte der Sultan die üblen Zuträger vom Basar tüchtig aus. Den Bäcker aber bedachte er mit seiner Gnade und ließ sich von ihm berichten, wie sich alles zugetragen hatte.

Und da auch er den Namen des Gottesdieners trug — Abdallah der König —, machte er den Fischer Abdallah zum Wesir seiner Linken und gab ihm seine Lieblingstochter zur Frau. Den Bäcker aber ernannte er zum Wesir seiner Rechten und die kluge Fischersfrau zur Wesirin.

So machten denn alle Abdallahs der Erde ihr Glück, denn Abdallah des Meeres erfüllte auch weiterhin Tag für Tag den Vertrag, den er mit Abdallah dem Fischer geschlossen hatte.

Nach einiger Zeit, als der Fischer Abdallah wieder mit seinem Freund, Abdallah des Meeres, am Strand saß, bat dieser ihn, in seinem Namen ein Pfand am Grabe des Propheten niederzulegen.

Der Fischer war gern dazu bereit, als er aber hörte, daß er mit dem Meeresbewohner in dessen Behausung hinabsteigen sollte, das Pfand zu holen, da bekam er es doch mit der Angst zu tun.

Doch Abdallah des Meeres beruhigte ihn: „Die Bewohner des Wassers haben keinen Schutz gegen die Luft, dich aber schützt vor dem Wasser diese Salbe!"

Er zeigte ihm eine gelbe Salbe, die nach Fischtran roch, und hieß ihn, sich damit einzureiben.

Der Fischer tat also, und siehe da, das Wasser trat von selbst vor ihm zurück, und er schritt trockenen Fußes hinter Abdallah des Meeres her. Ein ganzes Buch würde nicht ausreichen, alles zu beschreiben, was er dort unten an Wundern schaute.

Er sah ganze Städte unter Wasser, deren Bewohner keine Kleider trugen, sondern nackt waren. Er sah, wie die Fische ihnen Häuser bauten, sah Frauen und Mädchen, schöner als die schönste Jungfrau auf der Erde, und alle hatten sie, obwohl sie den Menschen so ähnlich sahen und diese in Gesicht und Gliedmaßen an Schönheit übertrafen, anstelle der Füße Fischschwänze.

Und da Abdallah sich in dieser Hinsicht von den Meeresbewohnern unterschied, betrachteten diese ihn wie ein wunderliches Tier und brachten ihn zu ihrem König, damit auch der sich ergötze an seinem Anblick.

Der König wollte sich schier totlachen über den sonderbaren Erdenbewohner, der keinen Fischschwanz hatte, aber als er genügend gelacht hatte, beschenkte er ihn reich und entließ ihn in Gnaden.

Nach langer Wanderung kamen sie endlich im Hause des Meeresabdallahs an, wo

man gerade ein Freudenfest zu feiern schien, derart vergnügt, wie es der Fischer auf Erden noch nie erlebt hatte.

„Sicher feiert ihr eine Hochzeit", sprach er zu seinem Freund, aber der schüttelte den Kopf und erklärte: „Nein, es ist jemand gestorben."

„Wie könnt ihr bei einem Begräbnis lachen und euch vergnügen?" wunderte sich der Fischer. „Bei uns weinen die Menschen vor Trauer und Schmerz."

Da wurde Abdallah des Meeres zornig und fuhr ihn erbost an: „Hat denn nicht Allah euer Schicksal bestimmt? Seid ihr denn nicht sein Unterpfand auf Erden und freut euch nicht, wenn euer Geist zu ihm zurückkehren darf? Nein, ich sehe, daß du nicht würdig bist, das Grab des Propheten von mir zu grüßen, und ich bedarf forthin deiner Freundschaft nicht!"

Darauf brachte Abdallah des Meeres den Fischer unverzüglich wieder auf die Erde zurück und verschwand im Meer, um nie wieder aufzutauchen. Vergebens rief ihn

sein Erdenbruder am Strand; von den vier Abdallahs blieben nur noch drei beisammen.

Aber von ihnen hatte nur der alte und weise König Abdallah begriffen, daß der vierte nie wieder zu ihrem Freundesbunde stoßen würde, denn auch Tränen und Lachen sind Sache des wahren Glaubens.

# *Die Geschichte von Abu Kasim, der Richter wurde*

Niemand vermag bis heute zu sagen, ob Abu Kasim unter den ersten oder unter den letzten war, als Allah den Verstand verteilte, gewiß ist nur, daß der Kalif Harun ar-Raschid, der Fürst der Gläubigen, stets seine schützende Hand über ihn hielt, wenn er sich auch ebenso gern und oft über ihn lustig machte.

Seht selbst:

Eines Tages hatte der Kalif einen seltsamen Streit um „nichts" zu entscheiden. Irgendein Kaufmann aus Basra hatte einem anderen Kaufmann Sklaven verkauft. Nach langem Feilschen waren sie sich über den Preis einig geworden, der erste

Kaufmann aber versuchte auch danach noch mehr herauszuschlagen.

„Was gibst du noch hinzu?" fragte er.

„Nichts!" lautete die Antwort.

„Also gut, so gib mir denn dieses Nichts!" verlangte der aus Basra. „Wenn nicht, gehen wir zum Gericht!"

So geschah es denn auch, nur daß der Richter natürlich nicht wußte, was er mit diesem Nichts anfangen sollte und den Streit an den Kalifen weiterleitete.

Harun ar-Raschid hörte den Verkäufer an und erklärte dann: „Das ist wahrlich ein verzwickter Fall. Wenn sich einer findet, der ihn gerecht entscheidet, den ernenne ich zum obersten Richter."

Viele Gelehrte und Würdenträger versuchten ihr Heil, denn ein jeder wäre gern oberster Richter geworden. Aber all ihre Klugheit und Gewitztheit war diesem Fall nicht gewachsen. Keiner wußte mit dem Nichts etwas anzufangen. Bis sich

schließlich ein ganz gewöhnlicher Trommler namens Abu Kasim, ein stadtbekannter Geizkragen, beim Kalifen melden ließ und behauptete, die Sache in Ordnung bringen zu wollen.

„Laß ein Becken mit Wasser bringen", verlangte er von dem Kalifen, und als man das Becken gebracht hatte, nahm er den Kaufmann aus Basra an der Hand.

„Mach eine Faust!" befahl er ihm, tauchte dann die Hand des Kaufmanns ins Wasser und zog sie wieder heraus.

„Nun öffne die Hand und sage uns, was du darin hast!"

„Nichts", antwortete der Kaufmann verdattert.

„Wieso verlangst du dann dieses Nichts noch einmal?" schrie ihn der Trommler an. „Scher dich weg vom Hof, wenn du nicht noch Strafe zahlen willst für deine Unverschämtheit!"

Der Kaufmann rannte davon, als sei ihm der Leibhaftige auf den Fersen; der Kalif aber lachte, wie er schon lange nicht mehr gelacht hatte.

So wurde der Trommler Abu Kasim oberster Richter.

# *Die Geschichte von Abu Kasims Pantoffel*

Obwohl Abu Kasim schon längst nicht mehr die Trommelstäbe rührte und mit den höchsten Würdenträgern zu Tisch saß, hatte er doch seine alten schlechten Sitten nicht abgelegt und war sogar noch geiziger als je zuvor.

Um ja keine Kupfermünze unnötig ausgeben zu müssen, ließ er sich von anderen bewirten, rannte in seinen alten Lumpen herum und war durch nichts zu bewegen, ein Bad aufzusuchen.

„Warte nur, dein Geiz wird dich nochmal teuer zu stehen kommen“, pflegte Harun ar-Raschid zu sagen und ahnte nicht, wie bald sich seine Worte erfüllen sollten.

Und an allem war Kasims alter Pantoffel schuld.

Der Richter hatte nämlich schon lange kein ganzes Paar mehr. Und doch konnte er sich von dem einen Pantoffel, der ihm noch geblieben war, nicht trennen, auch wenn die Zehen längst durch die Löcher schauten und sich die ganze Stadt über den obersten Richter lustig machte. Erst, als auch die Sohle auseinanderfiel, beschloß er, schweren Herzens natürlich, den Pantoffel wegzuwerfen.

Er stand gerade auf der Terrasse seines Hauses, als er diesen schwerwiegenden Entschluß faßte. Und um es sich nicht noch zu überlegen, schleuderte er den Pantoffel kurzerhand von sich aufs Dach des Nachbarhauses. Ach, hätte er es sich lieber doch überlegt! Der Pantoffel schlug nämlich ein Loch ins Dach, und dann

hörte man aus dem Haus das Klirren von Glas und umstürzenden Flaschen und schließlich einen großen Krach.

Abu Kasim konnte gar nicht so schnell von der Terrasse verschwinden, da kam auch schon der Nachbar, ein Drogist, mit großem Geschrei gerannt, den Pantoffel in der Hand schwingend.

„Diesen Schaden wirst du mir bezahlen, Abu Kasim, davon spricht dich kein Gericht frei, und wenn du zehnmal der oberste Richter wärst!“

Abu Kasim mußte dem Nachbarn wohl oder übel in dessen Haus folgen und sich den Schaden ansehen. Der Pantoffel war auf ein hohes Regal mit Parfümflaschen gefallen, hatte ein paar Fläschchen umgeworfen, die hatten im Herunterfallen die Flaschen und Dosen auf dem Brett darunter mitgerissen und so weiter, bis auf die Erde, wo eine kostbare Vase gestanden hatte, von der nun auch nur noch Scherben übrig waren. Und der ganze Raum war voll von den verschiedensten Düften —

Ambra, Moschus, Rose —, daß es dem Richter ganz schwindlig wurde.

„Das ist ein Jammer, das ist ein Jammer!" jammerte er, aber bezahlen mußte er doch. Ganze tausend Dinare!

Selbstverständlich wollte er nun den Pantoffel, der ihn so teuer gekommen war, um jeden Preis loswerden. Deshalb nahm er in der nächsten Nacht Schaufel und Hacke, fest entschlossen, den Unglücksbringer irgendwo zu vergraben. In der Nähe einer Moschee fand er schließlich eine Stelle, wo ihm der Boden weich genug schien, und dort vergrub er den Pantoffel einen Meter tief.

„Jetzt kannst du keinen Schaden mehr anrichten!" frohlockte er, als er gegen Morgen erschöpft nach Hause wankte.

Aber er hatte sich zu früh gefreut. Drei Tage später erschien die Stadtwache bei ihm.

„Ist das dein Pantoffel?" fragte der Hauptmann streng und hielt naserümpfend die Ursache allen Unglücks hoch.

„Ja", gab der Richter zögernd zu.

„Dafür bekommst du hundert Stockschläge und bezahlst zehntausend Dinare Strafe! Der Schuh hat die ganze städtische Kanalisation verstopft und alle Toiletten einen halben Meter überlaufen lassen..."

Abu Kasim wäre fast in Ohnmacht gefallen. So eine Schande! Und so eine Strafe!

Erst nach einigen Monaten hatte er die Aufregung soweit überstanden, daß er wieder vernünftig denken konnte. ‚Ich muß den Pantoffel um jeden Preis loswerden; er hat mich schon ein Vermögen gekostet, und wenn es so weiter geht, bringt er mich noch an den Bettelstab. Diesmal aber frage ich lieber jemand um Rat.' Und er ging zu einem bekannten Barbier, der berühmt war für seine Klugheit und seinen Witz.

Der Barbier hörte ihn an und riet ihm dann, den Pantoffel in vier Teile zu zerschneiden und jedes Teil an einer anderen Stelle vor der Stadt zu verstecken.

Der Richter bedankte sich erleichtert. Ja, das war wirklich ein guter Rat! So konnte ganz gewiß nichts mehr passieren!

Drei Tage nacheinander spazierte er dann zur Stadt hinaus und versteckte jedesmal ein Stück Pantoffel. Am vierten Tag kam er bis zu den Feldern in der Nähe des Flusses, konnte aber lange kein geeignetes Versteck finden. Erst als es schon dämmerte, entdeckte er einige Ziegelsteine, und zwischen die steckte er das letzte Stück.

Eine Zeitlang lebte er noch in ständiger Angst, aber da nichts geschah, atmete er endlich erleichtert auf und war überzeugt, daß seine Pechsträhne nun vorüber sei.

Doch weit gefehlt. Der Winter kam, und der Regen füllte alle Bewässerungsgräben mit Wasser, nur die größten Felder am Fluß blieben trocken. Jeder wunderte sich darüber, und die Besitzer jener Felder waren ganz verzweifelt, denn auf einem Boden, dem die Feuchtigkeit fehlt, gedeiht ja nichts.

So blieb ihnen nichts anderes übrig, als die ganze Anlage aufzugraben und zu reinigen. Es war ein tüchtiges Stück Arbeit, doch schließlich fanden sie auf diese Weise die Ursache des Übels: Das letzte Pantoffelstück hatte die hohlen Ziegel verstopft.

Mit Mistgabeln, Hacken und Stöcken bewaffnet zogen die Bauern drohend zum Haus des obersten Richters. Aber Abu Kasim trafen sie nicht mehr an. Als er hörte, was er angerichtet hatte, da floh er aus der Stadt, weit, weit weg, sein Haus und all seinen Besitz zurücklassend. Er war froh, wenigstens das nackte Leben gerettet zu haben, und ließ sich nie wieder in der Stadt sehen.

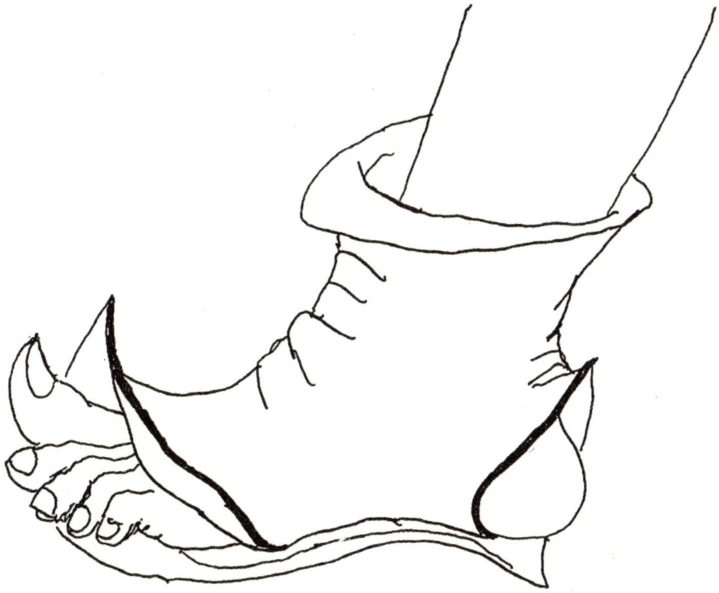

# *Die Geschichte von Prinz Ahmed und der Fee Pari Banu*

Drei prächtige Söhne hatte der indische König: den ältesten Husain, den mittleren Ali und den jüngsten Ahmed. Und er hatte auch eine Nichte Nur en-Nahar, die Tochter seines jüngsten Bruders, der früh gestorben war und sein einziges Kind unter der Obhut des Onkels hinterlassen hatte. Sie wuchs zusammen mit den Prinzen auf, und die waren ihr alle drei in Liebe zugetan.

Die Prinzessin war nicht nur lieblich und schön, sondern auch klug und bescheiden. Der Onkel hatte die besten Lehrer und Gelehrten mit ihrer Erziehung betraut, und so gab es, als sie zur Jungfrau herangewachsen war, auf der ganzen Welt kein Mädchen, das ihr gleichkam.

Es war darum kein Wunder, daß die Prinzen, die ja täglich mit ihr zusammen waren, in tiefer Liebe zu ihr entbrannten und einer wie der andere sie zur Frau wünschte.

Der König hatte wohl bemerkt, wie es um seine Söhne stand, und deshalb rief er sie eines Tages alle drei zu sich.

„Meine Söhne, Nur en-Nahar ist gewiß eurer Liebe würdig", sprach er ernst. „Aber da ja nur einer von euch sie zur Frau haben kann, will ich sie demjenigen geben, der sie sich am meisten verdient."

„Und was sollen wir tun?" fragte Husain ungeduldig.

„Zieht in die Welt hinaus, und wer in einem Jahr das wundersamste und einmaligste Ding als Brautgeschenk mitbringt, der soll die Prinzessin bekommen."

Die Prinzen stimmten dem klugen Plan des Königs zu, und es dauerte nicht lange, da ritten die drei zum Tor hinaus, begleitet von großem Gefolge.

Den ganzen Tag ritten sie gemeinsam, und als die Sonne sich dem Horizont zuneigte, kamen sie an eine Wegscheide, von der drei Wege abzweigten — einer nach rechts, einer nach links, und der dritte führte geradeaus weiter.

„Es ist an der Zeit, daß wir uns trennen", sprach da Husain. „In einem Jahr wollen wir uns wieder an dieser Stelle treffen..."

Und dann schlug jeder die Richtung ein, in die es sein Herz am meisten zog.

Der älteste Prinz wählte den rechten Weg, denn er wußte aus so manchen Reiseberichten, daß dieser in das ferne Land Bischangarh am Indischen Ozean führte, ein Land, das über die Maßen reich sein sollte an wundersamen und einmaligen Schätzen, wie man sie anderswo nicht kannte. Vielleicht würde er dort etwas finden, womit er die Prinzessin erringen konnte.

Tage und Wochen ritt er über die Karawanenstraße, bis er schließlich die Hauptstadt Bischangarhs erreichte.

Er spazierte durch die Straßen, und was er hier und vor allem auf dem Basar sah, das übertraf alles, was er bisher gehört hatte; denn man konnte mit Worten all die Pracht und Herrlichkeit gar nicht beschreiben, die Unmengen von Schmuck und Juwelen, von fremdländischen Stoffen und duftenden Blumen.

Schließlich führten ihn seine Schritte in eine dunkle, winklige Gasse, und dort stand plötzlich, wie aus der Erde gewachsen, ein weißbärtiger Greis vor ihm mit einem bunten Teppich überm Arm.

„Kaufe den Teppich, mein Sohn, er ist einmalig in seiner Art", bot der Alte seine Ware zum Kauf.

„Und wieviel verlangst du dafür?" fragte Husain, eher aus Neugier, denn in der Absicht, wirklich zu kaufen.

„Dreißigtausend Goldstücke", lautete die Antwort, die dem Prinzen die Sprache verschlug, denn wie konnte man für ein solches Stück einen solchen immensen Preis fordern.

Der Greis mochte wohl seine Verwunderung bemerkt haben, denn er fuhr sogleich fort: „Aber wisse, es ist kein gewöhnlicher Teppich. Wenn du dich auf ihn setzt, so brauchst du dir nur zu wünschen, wohin du willst, und er bringt dich im Augenblick an jeden Ort der Welt..."

‚Das wäre wirklich das rechte Geschenk, ein besseres konnte sich der Vater für Nur

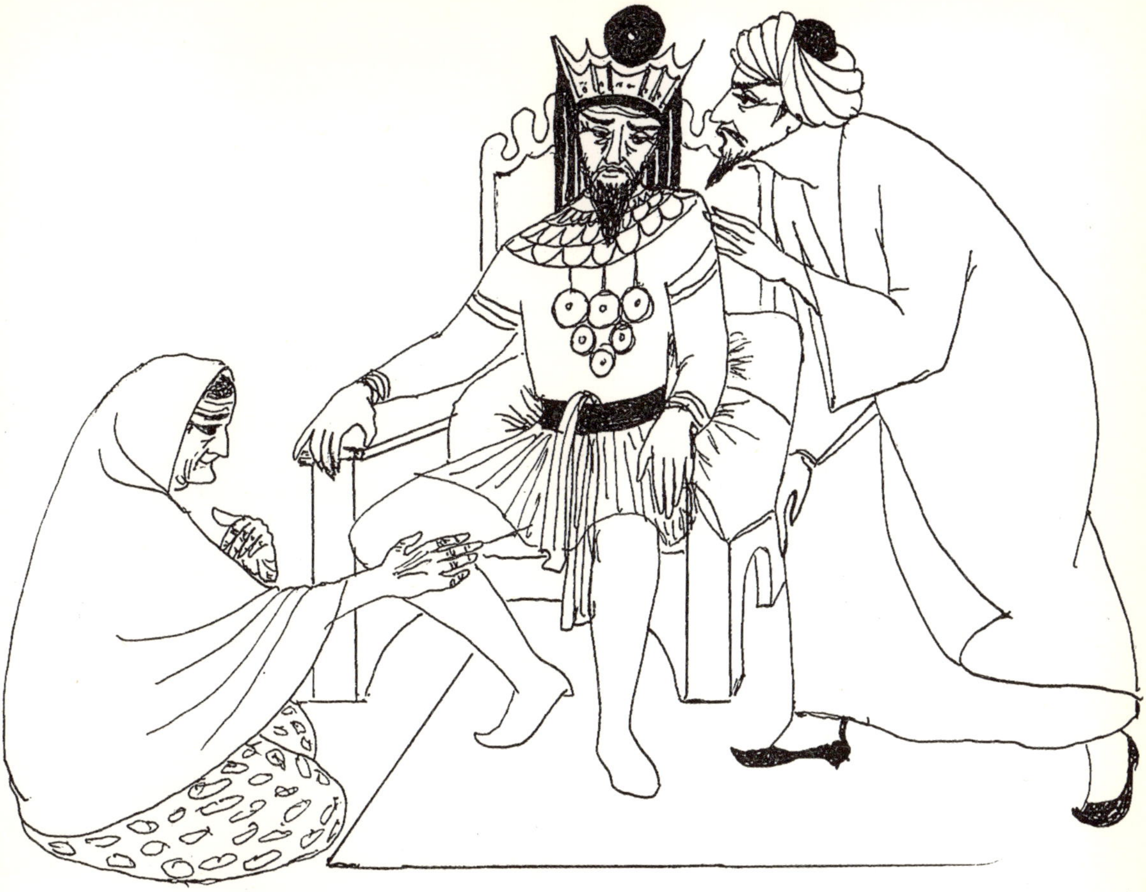

en-Nahar gar nicht wünschen‘, überlegte der Prinz und meinte dann: „Gut, ich kaufe den Teppich, aber erst muß ich ihn ausprobieren.“

Sie setzten sich beide auf den Teppich, und der Alte wünschte sich, über die Stadt zu fliegen. Ach, war das ein Flug! Dem Prinzen drehte sich der Kopf noch lange, nachdem sie wieder gelandet waren.

Nein, da gab es kein Überlegen mehr! Prinz Husain händigte dem Greis die geforderte Summe aus, und da die Jahresfrist, nach der er sich wieder mit den Brüdern an der Wegscheide verabredet hattte, noch lange nicht um war, setzte er sich auf seinen Teppich, um fremde Länder kennenzulernen.

Prinz Ali hatte den linken Weg gewählt, und der führte ihn durch die grünen

Wälder der Berge, deren höchste Gipfel von ewigem Eis und Schnee bedeckt waren. Ganze vier Monate währte seine Reise, bis er in die Stadt Schiras im fernen Persien gelangte.

Es war eine wunderbare Stadt. Und als Ali die reichen Basare, die Läden der Handwerker und die prunkvollen Paläste sah, die denen von Bischangarh in nichts nachstanden, da wußte er, daß er hier finden würde, was er suchte.

Und seine Ahnung sollte ihn nicht trügen, auch wenn er zunächst zwei Tage vergebens in der Stadt umherlief. Am dritten Tag lockte ihn die Stimme eines Verkäufers an: „Ein Wunderrohr aus Elfenbein zu verkaufen! Kauft das Wunderrohr!"

„Was kostet das Ding denn?" fragte der Prinz, zu dem Verkäufer tretend.

Der zog ihn am Ärmel und sagte flüsternd: „Fünfunddreißigtausend Goldstücke, Herr. Aber dafür hat dieses Elfenbeinrohr die Eigenschaft, daß du alles darin siehst, was du wünschst, selbst wenn es viele hundert Meilen von hier entfernt ist..."

„Davon muß ich mich erst überzeugen", meinte Ali, legte das Rohr ans Auge und dachte dabei an den Vater. Und wirklich, in der gläsernen Linse, die in das Elfenbein eingesetzt war, sah er den indischen König auf dem vertrauten goldenen Thron sitzen.

„Ich kaufe das Ding", erklärte der Prinz, nachdem er das Rohr abgesetzt hatte, und er reichte dem Mann ohne Feilschen einen Geldbeutel mit fünfunddreißigtausend Goldstücken.

Er war überzeugt, daß keiner seiner Brüder etwas Kostbareres und Einzigartigeres von seiner Reise mitbringen würde. Aber er beeilte sich nicht mit der Heimreise, denn das Jahr war ja noch lange nicht um, sondern blieb noch ein Vierteljahr in dem schönen Schiras.

Für den jüngsten Prinzen Ahmed war der gerade Weg übriggeblieben. Sechs Monate ritt er durch Dschungel, öde Wildnis und steinige Steppen bis nach Samarkand, so den weitesten Weg zurücklegend von allen drei Brüdern.

Wie Husain und Ali staunte auch Ahmed über die Pracht und die Schönheit dieser Stadt. Und das Geschenk für die geliebte Base schien schon auf ihn gewartet zu haben. Noch ehe er nämlich überhaupt vom Pferde steigen konnte, trat ein Junge mit einem Apfel in der Hand zu ihm.

„Kaufe den Apfel, es ist kein gewöhnlicher..."

„Was willst du denn dafür?" fiel ihm der Prinz ins Wort, denn von dem langen Ritt war ihm die Kehle ausgetrocknet, und er hätte gern in die saftige Frucht gebissen.

„Höre mich erst an", sprach der Knabe ernst und fuhr fort: „Es ist kein

gewöhnlicher Apfel. Es sind unendlich viele Heilmittel darin gegen jede Krankheit, und wenn jemand schwer krank ist, ja selbst wenn er schon dem Tode nahe ist, so braucht er nur an dem Apfel zu riechen, und er wird auf der Stelle gesund. Aber ich verlange vierzigtausend Goldstücke dafür."

„Nur nicht so hurtig", meinte Ali lachend, wenn auch sein Herz vor Aufregung wild schlug, denn das war ja genau das, was er brauchte — eine Brautgabe, wie es keine zweite geben konnte. „Ich muß mich doch erst überzeugen, ob dein Apfel wirklich solche Kraft besitzt, wie du sagst."

Dann zogen die beiden los, einen Todkranken zu suchen. Sie fragten die Leute, und die wiesen sie zu einem Haus, in dem ein alter Mann, nur noch Haut und Knochen, sterbenskrank darniederlag. Der Knabe trat an das Lager und ließ den Alten an dem Apfel riechen, und siehe da, die bleichen Wangen röteten sich, die trüben Augen wurden klar, und der Mann setzte sich munter auf, um die Dienerin anzufahren, wo denn das Essen bliebe, er habe fürchterlichen Hunger...

Das genügte Ahmed. Er zahlte dem Jungen viermal zehntausend Goldstücke auf die Hand und steckte den Apfel in seine Satteltasche.

Dann wendete er sein Pferd und trat unverzüglich den Heimweg an, denn der war ja lang. Er ritt, so schnell er konnte, wieder durch steinige Steppen, öde Wildnis und Dschungel, und nach einem weiteren halben Jahr kam er an der Wegscheide an, wo Husain und Ali schon auf ihn warteten.

Er umarmte sie brüderlich und wollte sogleich wissen, was für Gaben die anderen beiden Prinzen für die Prinzessin mitgebracht hatten, wobei er behutsam seinen Apfel aus der Satteltasche hervorholte.

„Ich habe einen fliegenden Teppich", erklärte Husain, und Ali rief geschwind: „Und ich ein Elfenbeinrohr, mit dem man alles sehen kann, was man will, selbst wenn es noch so weit entfernt ist..."

„Ach, das kommt ja wie gerufen, da können wir uns doch gleich überzeugen, wie es unserer lieben Base geht", schlug Ahmed vor.

Der mittlere Prinz legte das Elfenbeinrohr ans Auge, doch im gleichen Augenblick wurde er weiß wie eine Wand. Alles Blut war aus seinem Gesicht gewichen.

„Nur en-Nahar liegt im Sterben", stammelte er entsetzt. „Ich sehe sie reglos auf ihrem Lager liegen, und alle um sie herum weinen."

„Da kann uns auch mein Teppich nicht helfen", schluchzte Husain, aber Ahmed rief sogleich: „Er wird uns helfen! Ich habe einen Apfel, der jede Krankheit heilt, wir müssen nur schnell mit deinem Teppich hinfliegen, ehe es zu spät ist..."

Im Nu saßen die Brüder auf dem Teppich und flogen durch das offene Fenster ins Gemach der Prinzessin. Ehe sich die trauernden Anwesenden noch von ihrem Schrecken erholt hatten, ließ Prinz Ahmed die Kranke schon an dem Apfel riechen, die Prinzessin setzte sich auf und rieb sich die Augen wie nach einem langen und tiefen Schlaf.

„Ach, ich habe geträumt, ich sei sterbenskrank", meinte sie verwundert.

„Es war auch so, aber mein Apfel hat dich von der Schwelle des Todes zurückgeholt", erklärte Prinz Ahmed.

Nun, da die Todesgefahr gebannt war, berichteten die Prinzen, was sie alles in dem Jahr erlebt hatten, und zeigten ihre Geschenke, mit denen sie zurückgekommen waren, voller Spannung darauf wartend, wem von ihnen der Vater Nur en-Nahar zusprechen würde.

Der König aber zupfte sich nachdenklich den Bart und überlegte lange, ehe er ihnen seine Entscheidung kundtat.

„Es besteht kein Zweifel, daß Ahmeds Apfel der Prinzessin das Leben gerettet hat", sprach er schließlich. „Aber ohne das Wunderrohr hättet ihr nicht von der Krankheit erfahren, und ohne den fliegenden Teppich wäret ihr zu spät gekommen.

Alle drei Dinge sind gleich einzigartig und wunderbar, ich kann keinem von ihnen den Vorzug geben. Aber noch einmal will ich euch nicht in die Welt hinausschicken. Es bleibt nichts anderes übrig, als daß ihr einen neuen Wettstreit austragt. Ihr seid alle drei hervorragende Bogenschützen. Wer von euch mit seinem Bogen am weitesten schießt, der soll die Prinzessin zur Frau bekommen."

Gleich am nächsten Tag sollte der Wettkampf im Bogenschießen stattfinden, und zwar auf einer Wiese, die sich vom Königsschloß bis zu den fernen Bergen hin erstreckte.

Als erster spannte der älteste Prinz Husain den Bogen. Der Pfeil schwirrte davon und flog so weit, daß der ganze Hof laut aufseufzte vor Staunen und Bewunderung.

Nun war Ali an der Reihe, und die Zuschauer kamen aus dem Staunen nicht heraus, denn sein Pfeil flog noch weiter als der erste.

Der jüngste Prinz ließ sich aber von den Erfolgen der Brüder nicht bange machen. Sein Pfeil schwirrte mit solcher Kraft davon, daß niemand seinen Flug verfolgen konnte. Und als dann die ganze Dienerschaft und alle Höflinge auf die Wiese ritten, den Pfeil zu suchen, da konnte keiner ihn finden. Er war spurlos verschwunden.

Der König aber erklärte dennoch Prinz Ali zum Sieger, denn er hatte weiter geschossen als Prinz Husain, und es war unvorstellbar und ja auch nicht nachzuweisen, daß Ahmed ihn übertroffen haben sollte.

Die Söhne fügten sich gehorsam dem Entscheid des Vaters, aber während sich der glückliche Ali den Vorbereitungen zur Hochzeit widmete, legte Prinz Husain mit Trauer im Herzen die fürstlichen Gewänder ab, um in Zukunft als frommer Einsiedler ein Leben voller Entbehrungen in der Wildnis zu leben. Er wollte nicht länger am Hofe bleiben, denn auch wenn er seinem Bruder dessen Glück von Herzen gönnte, so konnte er doch den Verlust der Prinzessin nicht überwinden.

Ahmed aber mußte immer wieder an seinen Pfeil denken. Es wollte ihm nicht in den Kopf, daß er spurlos verschwunden sein sollte, und so suchte er immer wieder die Wiese ab. Auf der Suche nach dem Pfeil kam er bis zu den Bergen, an deren Fuße die Grasebene endete. Und dort fand er endlich den Pfeil in einer Felsspalte stecken.

Vorsichtig zog er ihn heraus. Es war ihm unbegreiflich, daß er bis hierher hatte fliegen können, war es doch doppelt so weit, wie Ali geschossen hatte, ja, vielleicht sogar noch weiter.

Da bemerkte er, daß dem Pfeil die eiserne Spitze fehlte. Und wie er sich suchend nach ihr umschaute, fiel sein Blick auf eine dunkle Höhle. Plötzlich schien sich das geheimnisvolle Dunkel zu erhellen; das Licht kam aus einer verborgenen eisernen Tür, die sich auftat und in der, umstrahlt von gleißendem Sonnenschein, eine liebliche Mädchengestalt stand, angetan mit einem aus Nebel gewebtem bläulichen Izar...

Dem Prinzen stockte vor Staunen und Bewunderung das Herz. ‚Das ist sicher eine Fee', sagte er sich, doch da hörte er auch schon aus dem Mund des zauberhaften Wesens die Antwort auf seine unausgesprochene Frage: „Ich bin die Fee Pari Banu, Prinz Ahmed. Ich habe dem Wind befohlen, deinen Pfeil hierher zu tragen, und habe eigenhändig die Spitze abgebrochen. Hier ist sie..." Und sie hielt ihm die offene Hand hin, auf der ein Stück Metall aufblitzte.

Dann fuhr sie fort: „Du gefällst mir schon lange, und ich möchte dich gern zum Mann nehmen. Deshalb habe ich dich an diesen Ort gelockt. So sage denn, ob es auch dein Wunsch ist..."

Der Prinz war zunächst keines Wortes mächtig, war die Fee Pari Banu doch tausendmal schöner als die Prinzessin Nur en-Nahar.

„Wie sollte ich nicht wollen", stieß er schließlich hervor. „Doch wird dein Vater unserer Vermählung zustimmen und den Ehevertrag unterschreiben?"

„Unsere Gesetzte sind anders als die der Menschen", erwiderte die Fee lächelnd. „Ich bin Königin in meinem Reich und entscheide selbst über alles. Von diesem Augenblick an bist du mein Gemahl!"

Dann fiel die eiserne Tür krachend hinter ihnen zu, und Pari Banu führte Prinz Ahmed in ihre Heimat. Er kam sich vor wie im Märchen: In herrlichen Gärten, die im Schmucke blühender Rosen, Samtpappeln, Tamarinden und Oleander prunkten, erhoben sich kristallene Paläste, und vor denen sangen und tanzten auf grünem Rasen wunderschöne Mädchen.

„Die Hochzeitsfeier beginnt", sagte die Feenkönigin. „Wir müssen uns beeilen."

Der Palast der Pari Banu war der prächtigste von allen. Hinter gläsernen Wänden und unter goldener Kuppel waren bereits die Tafeln gedeckt mit den ausgesuchtesten Speisen und köstlichsten Weinen, und wie ein Hauch zog eine leise Musik durch den Raum.

Hundert Tage und hundert Nächte währte die Hochzeit des Prinzen Ahmed mit der Fee Pari Banu, und mit jedem Tag liebte der Prinz seine junge Frau inniger.

Erst nach einem halben Jahr dachte er wieder an seinen Vater, und dieser Gedanke trübte wie eine leichte Wolke seine sonst so klare Stirn. Wie mochten wohl seine Lieben daheim leben? Sicher waren sie überzeugt, daß er irgendwo umgekommen war. Er sollte ihnen einen Besuch abstatten, um ihre Sorgen zu zerstreuen...

Einige Tage trug er solche Überlegungen mit sich herum, bis Pari Banu von sich aus darauf zu sprechen kam.

„Ich weiß, was dich quält, lieber Gemahl, und gern erlaube ich dir, deinen Vater zu besuchen. Du darfst aber niemandem verraten, wo du jetzt lebst und wer deine Frau ist. Eine schlimme Ahnung sagt mir nämlich, daß dann unser Glück bedroht sein könnte."

Ahmed versprach bereitwillig, worum sie ihn bat, schätzte er doch ihre Klugheit und Weitsicht.

Dann suchte die Fee viele kostbare Geschenke für den indischen König aus und dreißig Reiter, die sie tragen sollten, und verabschiedete sich von Ahmed in der Höhle vor der eisernen Tür mit den Worten: „Bei deiner Rückkehr wirst du den Weg leicht finden. Kein Sterblicher kann diese Tür sehen, vor dir aber tut sie sich von allein auf."

Was aber hatte sich unterdessen am Hofe des indischen Königs zugetragen?

Als Ahmed so spurlos verschwand, ließ der Vater ihn überall suchen, aber vergebens. Da empfahl ihm sein erster Wesir eine durchtriebene Zauberin. Die fand mit Hilfe verschiedener Zauberkünste heraus, daß der jüngste Prinz am Leben war, und seit der Zeit suchte der König des öfteren bei ihr Rat.

Dennoch weinte er vor Freude, als er Ahmed nach so langer Zeit wieder in seinem Schloß sah. Er vernahm mit Freuden, daß es dem Sohn gut ging, und berichtete dann, daß Ali mit seiner jungen Gemahlin in einem entfernten Gebiet des indischen Reiches herrsche und Husain in der Wüste lebe und ein weithin berühmter Derwisch geworden sei. Er versuchte nicht, Ahmeds Geheimnis zu ergründen, und so kehrte der Prinz nach drei Tagen ungehindert zu Pari Banu zurück.

Von dieser Zeit an besuchte er den Vater regelmäßig jeden Monat. Jedesmal brachte er kostbare Geschenke mit, jedesmal war sein Geleit größer und prächtiger. Und gerade das rief den Neid des Wesirs hervor, der sich mit der Zauberin verbündet hatte, und beide begannen dem König Mißtrauen einzuflößen.

„Warum will dir Ahmed nicht verraten, wo er lebt", meinten sie. „Sicher hat er nichts Gutes im Sinn und will dich mit seinen Geschenken nur täuschen... Jener Ort kann nicht weit von hier liegen, denn die Pferde sind immer ganz frisch, wenn er kommt. Wir wollen dich nur warnen, damit du deine Gutgläubigkeit eines Tages nicht teuer bezahlen mußt. Bald wird er dich vom Thron stürzen und deinen Platz einnehmen wollen. Allah sei dir gnädig..."

Solcherart hetzten sie beständig wider den Prinzen, bis der König mit der Zeit immer wankelmütiger wurde und ihnen bald ein geneigtes Ohr lieh.

Doch wenn der König nun auch bei jedem Besuch in ihn drang, ihm sein Geheimnis zu verraten, so hielt Ahmed doch das Versprechen, das er der Feenkönigin gegeben hatte. Deshalb beschloß die Zauberin eines Tages, ihm auf seinem Rückweg aus dem Schloß zu folgen. Doch noch ehe sie zu der Höhle kam, waren der Prinz und sein ganzes Gefolge spurlos vom Erdboden verschwunden. Vergeblich suchte sie eine Stelle, wo sie hatten hindurchreiten können. Überall war nur nackter Felsen. Die eiserne Tür blieb ihren Blicken ja dank der klugen Voraussicht der Fee verborgen.

Die Zauberin stampfte verärgert die ganze Umgegend ab, aber dann lachte sie hämisch: „Na warte nur, Söhnchen, ich warte hier auf dich. Es wäre ja gelacht, wenn ich dir nicht doch noch auf die Schliche käme!“

Wie gesagt, so getan.

Als der Prinz nach einem Monat wieder aus der Höhle kam, da sah er auf dem Weg eine alte Frau liegen, die sich vor Schmerzen krümmte.

„Ach, helft mir, gute Leute, ich sterbe!“

Weit und breit war keine Menschenseele zu sehen, und so trug Prinz Ahmed die Alte durch die eiserne Tür zurück, die sich vor ihm auftat.

Die Zauberin tat, als sei sie vor Schmerzen ohnmächtig, dabei aber beobachtete sie unter den Augenlidern hervor aufmerksam alles, was um sie herum geschah.

Die Fee Pari Banu war sofort zur Stelle.

„Warum kommst du so bald zurück, mein Prinz?“ fragte sie.

„Wir fanden unweit von hier dieses arme Weib, das unter unsagbaren Schmerzen zu leiden scheint und vielleicht gar sterben muß. Ich konnte nicht an ihr vorbeireiten, ohne mich ihrer anzunehmen.“

„Wir werden ihr helfen“, erklärte die Feenkönigin entschlossen und trug zwei Mädchen auf, die Zauberin in ihren Palast zu schaffen. Dort brachte sie eine goldene Schüssel herbei.

„Das Wasser aus dem Löwenbrunnen wird sie heilen“, sagte sie, tauchte ihren Finger in die Schüssel und strich damit der Zauberin über die Stirn.

Die schlug wie durch ein Wunder die Augen auf.

„Ihr habt mir das Leben gerettet, und Allah wird es euch vergelten. Wer bist du, o Herrin?“ fragte sie, ihre Neugier nicht länger zügeln könnend.

„Ich bin die Fee Pari Banu“, lautete die Antwort. „Doch mehr frage nicht und kehre nun, da du genesen, in dein Haus zurück!“

Natürlich war die Neugier der Zauberin noch lange nicht gestillt, doch wenn sie sich nicht verraten wollte, mußte sie wohl oder übel der Aufforderung Folge leisten. Kaum war die eiserne Tür hinter ihr zugefallen, rannte sie, so schnell sie konnte, zum Schloß, um noch vor dem Prinzen beim König zu sein.

Sie berichtete, was sie herausbekommen hatte, und fügte dann hinzu: „Dein Sohn ist viel mächtiger als du, König, und Pari Banu kann dich mit einem Wink ihres kleinen Fingers vernichten. Wenn du meinen Rat hören willst, so verlange von dem Prinzen ein außerordentlich wertvolles Geschenk. Nur so wirst du feststellen können, ob die beiden es wirklich gut mit dir meinen.“

Der König befolgte ihren Rat. Er stellte sich gekränkt, daß der Sohn so lange die Fee Pari Banu vor ihm verschwiegen hatte, und sagte dann schmeichlerisch: „Deine Gemahlin hat große Macht, und sicher wird sie mir gern einen geringen Dienst erweisen. Wenn ich mit meinem Heer ins Feld ziehe, so müssen wir für jeden Mann ein Zelt mit uns führen, und das kostet viel Zeit und Geld. Ich brauche ein Zelt, das auf ein einziges Pferd paßt und doch an Ort und Stelle so groß und so breit wird, daß es meinen ganzen Hof und all meine Krieger aufnehmen und bedecken kann..."

Schweren Herzens trug der Prinz der Fee den Wunsch des Vaters vor, aber Pari Banu meinte nur: „Das ist ein Kinderspiel für mich, mein liebster Gemahl, warum sollte ich deinem Vater den Gefallen nicht tun?" Und sie öffnete die Hand, auf der ein winziges Zelt stand.

„Wenn du es auf die Erde stellst, wird es so groß, daß die ganze indische Armee hineinpaßt mitsamt allen Kanonen. Sicher wird es deinem Vater gefallen."

Im nächsten Monat brachte der Prinz also seinem Vater das gewünschte Zelt, aber die Zauberin hatte den König unterdessen eingeredet, ein anderes Geschenk zu verlangen — Zauberwasser aus dem Löwenbrunnen. Erst so würde sich beweisen, ob der Sohn dem Vater wirklich zugetan sei.

Diesmal war es auch für Pari Banu keine leichte Aufgabe. Das Zauberwasser

entsprang nämlich einer Quelle auf einem Burghof in den Bergen, und diese Burg wurde von vier großen Löwen bewacht. Nur dank der Klugheit der Fee gelang es Prinz Ahmed, aus der Zauberquelle Wasser in eine Flasche zu schöpfen und damit davonzureiten, ohne daß ihn die Löwen in Stücke rissen.

„Dein Vater will uns vernichten", warnte ihn Pari Banu nach seiner Rückkehr. „Sei auf der Hut, wenn du in seinem Palast bist!"

Inzwischen war es der Zauberin gelungen, den König gänzlich davon zu überzeugen, daß Ahmed ihm den Thron rauben wolle, und gemeinsam schmiedeten sie Pläne, wie sie sich seiner für immer entledigen könnten.

„Wenn er das Wasser aus dem Löwenbrunnen nicht bringt, soll er im Kerker verschmachten", entschied der König. Das böse Weib aber wandte ein: „Vielleicht bringt er das Wasser nur deshalb, um dich in Sicherheit zu wiegen. Höre darum meinen Rat. Ich weiß von einem Zwerg, der jeden mit seiner eisernen Keule totschlägt. Er selbst mißt nicht mehr als drei Fuß, aber sein Bart ist dreißig Ellen lang. Noch keiner, der ihn sah, ist mit dem Leben davongekommen. Befiehl Ahmed, dir diesen Zwerg herbeizuschaffen. So wirst du ihn los, ohne daß jemand dir die Schuld geben könnte."

Der König war nicht wenig überrascht, als Ahmed ihm wirklich Wasser aus dem Löwenbrunnen brachte. Die ganze Zeit über, die Ahmed bei ihm zu Besuch weilte, tat er sehr freundlich, als aber die Abschiedsstunde schlug, sagte er: „Alles, was ich von dir forderte, hast du zu meiner größten Zufriedenheit und Freude gebracht. Nun verlange ich nur noch eines von dir: Schaffe mir den Zwerg mit dem langen Bart herbei. Er soll drei Fuß hoch sein und über der Schulter eine eiserne Keule tragen... Sicher ist das für dich eine Kleinigkeit, und ich verspreche dir, daß dies mein letzter Wunsch ist."

Was sollte der Prinz tun?

Er eilte in den Kristallpalast zurück und berichtete der Fee Pari Banu, was sich der Vater diesmal ausgedacht hatte.

„Ich habe es geahnt!" schrie die Fee auf. „Dein Vater trachtet dir nach dem Leben. Wisse, diesen Zwerg gibt es wirklich, aber man hat dir nicht gesagt, daß er jeden Menschen, der zu ihm kommt, mit seiner eisernen Keule totschlägt."

„Wenn es so ist, will ich den Vater nie wiedersehen und gehe nirgends hin!" erklärte der Prinz entschlossen.

„Hab keine Angst, dir wird nichts geschehen", besänftigte ihn die Fee. Dschajbar ist mein leiblicher Bruder — das wissen unsere Feinde nicht. Ich brauche ihn also nur zu bitten, dir nichts zu tun und mit dir ins Schloß zu gehen..."

Weiter sprachen sie nicht von der Angelegenheit, aber nach einem Monat wartete der Zwerg auf Ahmed vor der Höhle. Er war wirklich schrecklich anzusehen: Der feurige Bart stach wie Hanf aus dem spitzen Kinn, die Augen verloren sich in den dicken Backen, und Mund und Nase lagen so dicht beieinander, als seien sie gerade einer bei dem anderen zu Besuch. Und die kleine Mißgestalt schwang ihre Keule, daß es nur so pfiff.

Der Zwerg Dschajbar begrüßte den Prinzen aber ehrfurchtsvoll: „Ich freue mich, dich kennenzulernen, lieber Schwager, und ich helfe dir gern. Doch wisse, es ist dein Glück, daß du der Gatte meiner Schwester Pari Banu bist, denn mit meiner eisernen Keule vernichte ich sonst jeden aus dem Menschengeschlecht."

Der Weg zum Königsschloß verging ihnen wie im Flug. Als der Zwerg dort vor dem Tor auftauchte, da nahmen alle Wachen Reißaus. Und nicht anders war es auf dem Schloßhof; wer nur irgendwie konnte, suchte sein Heil in der Flucht: Emire, Soldaten, Diener und Mägde. Dschajbar brauchte nur vergnügt seine Keule von einer Schulter auf die andere zu werfen.

So kamen sie bis ins Schloß. Der Prinz mußte lachen angesichts der Panik, die ihr Erscheinen hier hervorrief. Nur der König, der böse Wesir und die Zauberin konnten vor Schreck kein Glied rühren; alle anderen hatten Fersengeld gegeben.

„Warum hast du mich gerufen?" fragte Dschajbar drohend, als er vor dem Thron stand. Der König aber brachte vor Angst kein Wort heraus.

„Wollt ihr mich zum Narren halten?" schrie der Zwerg, schwang seine Keule und erschlug mit einem einzigen Schlag König, Wesir und Zauberin.

„Jetzt bist du König von Indien", sprach er dann zu Prinz Ahmed und hob ihn einfach auf den Thron. Dann schaute er sich noch einmal zufrieden im Saal um und brummte zum Abschied: „Grüß Pari Banu von mir!"

Als der Zwerg verschwunden war, lebte das Schloß wieder auf. Von allen Seiten lief die Dienerschaft zusammen, Soldaten, Wachen, Emire, Agas, Richter, und alle jubelten dem neuen König Ahmed und der Königin Pari Banu zu, auf daß diese weise und gerecht herrschten bis zum Ende ihrer Tage.